豪放派大师

苏轼

《中外名人传记》编委会 编著

全国百佳图书出版单位
时代出版传媒股份有限公司
黄山书社

图书在版编目(CIP)数据

苏轼/《中外名人传记》编委会编著. —合肥:黄山书社, 2021.12

(中外名人传记)

ISBN 978-7-5461-9969-6

Ⅰ.①苏… Ⅱ.①中… Ⅲ.①苏轼(1036—1101)-传记 Ⅳ.①K825.6

中国版本图书馆CIP数据核字(2021)第275005号

中外名人传记·苏轼

ZHONGWAI MINGREN ZHUANJI SUSHI

《中外名人传记》编委会　编著

出 品 人　贾兴权
责任编辑　刘　春
责任印制　李晓明　李　磊
装帧设计　有品堂_刘　俊　张俊香
出版发行　时代出版传媒股份有限公司(http://www.press-mart.com)
　　　　　黄山书社(http://www.hspress.cn)
地址邮编　安徽省合肥市蜀山区翡翠路1118号出版传媒广场7层　230071
印　　刷　合肥长桥印刷有限公司
版　　次　2022年1月第1版
印　　次　2022年1月第1次印刷
开　　本　880mm×1230mm　1/32
字　　数　110千
印　　张　5.5
书　　号　ISBN 978-7-5461-9969-6
定　　价　12.80元

服务热线　0551-63533706

销售热线　0551-63533761

官方直营书店(https://hsss.tmall.com)

前　言

名人，顾名思义，就是著名人物，他们都在某一个或几个领域做出了普通人无法做出的伟大业绩。他们都有着辉煌的成就，是成功的典范。名人取得成功的过程并不是一帆风顺的，例如大家熟悉的玄奘、华罗庚、居里夫人、爱迪生……他们克服了常人难以想象的困难，凭借着义无反顾的品质和百折不挠的精神，历尽艰辛，才最终取得了成功。

青少年是早晨八九点钟的太阳，是含苞待放的花朵。青少年的成长过程，有着无数的可能性。汉代刘向说："书犹药也，善读之可以医愚。"高尔基也说过："书籍是人类进步的阶梯。"一本好书，对青少年的一生将产生深远的影响。青少年通过阅读名人传记，可以在潜移默化中学习名人的精神，培养出优秀的品质，为自身日后的健康成长提供强大的精神力量，终身受益。

本套丛书精选了古今中外的28位名人的人生故事。为了适合青少年阅读，本套丛书用简洁生动的语言，通过一个个生动活泼的小故事，把这些名人的一生呈现出来，具有很强的可读性。希望本套丛书能够给青少年无尽的启发，成为陪伴他们健康成长的良师益友。

本套丛书由《中外名人传记》编委会编著，编委会的成员如下：贾兴权、李玲玲、马磊、周振华、高杨、张锐、徐娟娟、朱莉莉、欧阳慧娟、秦矿玲、刘春、周红、吴宝燕、张月阳、范丽娜、张元婷、侯雷、郑程、代立媛、周唯、胡晓静、胡月、章锐华、张墨农、徐之迅、程雅杰。

编委会

2021年12月

目　录

第三章 风云变幻，官海沉浮

第四章 人生坎坷，不改其度

书香门第，翩翩少年

诗礼之家

父亲苏洵

母亲程氏

兄弟怡怡

缔结良缘

诗礼之家

北宋景祐三年（1036 年）腊月十九日，中国历史上一代大文豪——苏轼出生于四川眉州眉山（今四川眉山市）纱縠行。

四川有中国佛教四大名山之一的峨眉山，有宏伟壮观的乐山大佛，还有奔腾不息的岷江，山清水秀。除了它的灵山秀水，四川自古就名人辈出、文化氛围浓郁。早在汉代就产生了著名文学家司马相如、扬雄、王褒等，成为后辈楷模；喊出“前不见古人、后不见来者”的唐代陈子昂是四川人；浪漫主义大诗人李白幼年即随父移居四川，度过青少年时代；影响中国诗坛上千年的大诗人杜甫也在四川生活过八年，留下灿烂篇章；“初唐四杰”也曾先后到访四川，高适、岑参、刘禹锡、白居易等，都在四川留下了不朽诗篇。一时“天下诗人皆入蜀（四川的旧称）”传为美谈。后虽因战争，蜀地文化一度陷入低谷，但是经过休养生息，到苏轼出生的年代，已经有很多士人进入朝廷为官，文章功业闻名天下。

四川的奇山秀水、浓郁的文化氛围给予苏轼最早的陶冶和启迪。而这些又都与他的家庭教养完全一致。苏氏宅邸坐落在当时眉山县城纱縠行，是一个富有文学气氛的书香之家。

苏轼的祖父苏序（913—1047 年）胸襟开阔，为人正直淳厚，具侠义风骨，颇受时人赞颂。苏轼记载自己的祖父，说其“谦而好施，急人患难，甚于为己”。苏序在灾荒之年卖掉自己的田地救助饥饿的人，被救济的人后来要归还他，他说自己本来就打算要卖掉的，与救济他们无关。

苏轼还对自己的学生说自己的祖父“甚英伟，才气过人”。曾巩在《赠职方员外郎苏君墓志铭》里说，苏序“读书务知大意，为诗务达其志”，写了数千首诗。他少年时读书只求略知大意，不求仕途。但苏序是一位有远见卓识的人，具有开创精神，他对眉山学风的形成起着至关重要的作用。

五代混乱，天下分崩离析，蜀中文化逐渐衰落，大批文人学士安居乡里，不愿出仕。苏序怀着对国家的责任，决心开导人人向学的风气。他首先从自己的三个儿子开始，怀着“吾欲子孙读书，不愿富”的思想，教导儿子们发奋读书，树立雄心壮志。

苏序的大儿子苏澹和二儿子苏涣是中兴苏氏家族的大功臣。二人以文学举进士，苏涣在二十四岁时又进士及第，这不仅打破了苏氏家族二百年间门楣“不显”的衰微局面，同时引起乡人的争相模仿，一时眉山士族皆以苏家为榜样，劝子孙读书，州县学风盛行。苏涣之后，眉州就出了近百名学者。苏序的这一壮举，一直受到世人的褒奖。

祖父苏序去世的时候，苏轼已经十二岁，亲见祖父的为人和行事方式，许多年之后，苏轼还能回忆起祖父的往事。苏氏家族这种良好的学风对苏轼旷达、坚毅、乐观的人生态度，强烈的责任感以及普爱众生的悲悯情怀的形成，有着至关重要的影响。

父亲苏洵

“苏老泉，二十七，始发愤，读书籍。”这是《三字经》里面记录的一段话。这里的“苏老泉”就是苏轼的父亲苏洵。苏洵（1009—1066 年），字明允，俗号老泉。苏洵少年的时候不喜读书，性格内向，沉默寡言，但天性里富有游侠精神，曾多次离家四处游历，有点“不务正业”。苏洵的父亲苏序倡导的一直都是因材施教，对苏洵的不喜读书是“纵而不问”，任其自由发展。有人对苏洵父亲这种不加管教的方式提出质疑，苏序说：“这样一个人，是不必担心他不学的。”这说明苏序非常了解他这个儿子，他在等。

二十五岁那年，苏洵再一次游历归来，发现妻子经常面带愁容，就询问妻子为何整日愁眉苦脸。一问才知道妻子原来是在为儿子们的教育问题担心。苏洵从这件事情上意识到自己未尽到父亲对儿子以及对家庭的责任。另一方面，自己的两个哥哥已有官职在身，妻子的兄弟们也都纷纷中了举人，为官为吏，而自己却一事无成，感到十分羞愧，并认为好男儿当为国家效力。于是他“发愤为学”，奋发向上。但是他的仕途不顺利，三次参加科举考试都落第，屡考屡败的残酷现实极大地挫败了他的仕进之心，于是“焚常所为文，闭户益读书”，以表其绝意科举而潜心于学术的决心。为了开导自己，苏洵总是以老子、庄子和荀子等人的经历勉励自己，认为：一个真正的人才即使命运多舛，也同样能够拥有伟大的人生。

苏洵给宰相韩琦写过一封信《上韩丞相书》，在这封信里，苏洵对自己这一思想历程的转变有具体的阐述：“洵少时自处不甚卑，以为遇时得位，当不卤莽。及长，知取仕之难，遂绝意于功名，而自托于学术，实亦有得而足恃。”这说明苏洵不像当时绝大多数读书人一样认为科举是唯一出路。

事实也证明苏洵选择了最适合自己的路。苏洵乡试失败后，焚弃旧稿，从头苦读，这时的他已经二十七岁了。所以史传其“年二十七，始发愤读书”，苦读六年，终于自学成功。此后，苏洵将所有的心思和精力都用在了他的散文创作以及各方面艺术修养上。他爱好书画，研习历法，精通音律，善于抚琴，等等。但所有的成就当中最突出的还是他的古文创作。他“通六经、百家之说，下笔顷刻数千言”（《宋史·苏洵传》），将自己的政治思想都贯穿在他的著作中，成为唐宋八大家之一。

苏洵也与他的父亲苏序一样乐善好施，而这一性格特征又被后来的苏轼继承了。

苏洵对儿子的施教是非常严格的。儿时的苏轼、苏辙兄弟像所有的孩子一样贪玩，可父亲布置的功课每天都有具体的安排，到了限定的时间必须完成。在父亲的严厉督促下，兄弟俩两耳不闻窗外事，终日苦学不辍。他们读诸子百家、读史传，父亲严格有方的教育很快就有了效果。

母亲程氏

苏轼的母亲程氏（1010—1057 年），是大理寺丞程文应的女儿。程家是当时眉山屈指可数的显赫家族，程氏兄弟中多人在朝廷为官，政治地位丝毫不亚于苏轼的二伯父苏涣，所以，程氏算得上是下嫁苏家。程氏虽身为“千金小姐”，但她知书达理、善解人意，是一位非常有文化有教养的女子。苏氏父子的“功成名就”在很大程度上都应归功于程氏。

对于丈夫来说，程氏是一位善解人意、勇于承担家庭责任的好妻子。程氏嫁给苏洵时年仅十八岁，那时的苏洵不喜读书，整日无所事事。程氏看在眼里，急在心里。但她上精心伺候公婆，下悉心教育子女，终日勤劳不息，只希望自己的夫婿有朝一日能自己醒悟过来。她曾对自己的丈夫说：“子苟有志，以生累我可也！”这句话的意思就是说，只要丈夫有志气读书上进，她可以承担家里所有的重担。程氏的鼓励和支持给了苏洵莫大的帮助。自大儿子苏轼出生后，苏洵一改往日习气，下定决心苦读以求功名。程氏一手承担起了家庭的重任，让丈夫毫无后顾之忧地闭门读书。

对于孩子来说，程氏是一位思想开明、能以身作则的好母亲。她对旁人可以慷慨大方，但对自己的孩子显得有点“吝啬”。苏轼曾回忆说，他和弟弟苏辙上学读书时，吃的饭菜经常是“三白”，即一碗白米饭、一撮白盐和一碟白萝卜。这并不是因为苏家当时经济已拮据到如此地步，而是程氏不想让孩子们养成骄奢的生活习惯。在母亲的影响下，苏轼兄弟从小就养成了勤俭节约的美好品质，所以苏轼在被贬蛮荒之地时仍能坦然接受生活的困窘。

苏轼兄弟小的时候，父亲经常在外游历，有一段时间兄弟俩的教育就落在了母亲程氏的身上。在思想立志上，程氏可以说是苏轼兄弟最早的启蒙导师。苏轼九岁那年，母亲带他们兄弟俩读《后汉书》，里面有一篇《范滂传》，说汉朝当时朝政腐败，宦官专权，一些忠臣义士冒着生命危险纷纷向皇帝进谏，却遭到群小迫害以致丧命。有个叫范滂的青年，学问气节深得乡里敬重，有“澄清天下之志”。范滂在母亲的支持下，愤然走上了反抗奸党的斗争道路，最终被宦官集团杀害了。范滂临死前与母亲诀别，其母深明大义，没有顾惜骨肉之情，而是慨然送子入狱赴死。范滂死时才三十三岁。小苏轼听后，若有所思，

然后问母亲："母亲，您愿意我做范滂那样的人吗?"程氏毫不犹豫地回答："你如果能当范滂，难道我就不可以当范滂的母亲吗?"苏轼听后十分感动。自此以后，苏轼就以范滂为自己的榜样，"奋励有当世志"，积极地学习和奋斗。

程氏天性善良，待人宽厚，为人热情，乐于帮助他人。不管是谁遇到困难，一定竭尽所能帮其渡过难关。她对大自然中的一切心生怜惜。苏轼家的庭院，竹柏丛生，杂花满树，很多鸟雀都来这里筑巢。程氏严禁家人捕捉鸟雀，时间长了，来这里的鸟儿都知道不会受到伤害，有的甚至把巢筑在低矮的树枝上，小孩子们俯身就可以看到。

程氏从细小的事情出发，言传身教，培养儿子的远大志向及仁慈之心。苏轼的一生，虽经历了一次又一次的磨难，但都表现出了乐观、勇敢、不畏强权的态度，他的这种积极进取的人生观与其母在他幼年时的引导是分不开的。

兄弟怡怡

苏轼是家里出生的第一个男孩。在苏轼之前，苏家虽已有过几个小孩，但都不幸夭折了，只剩下一个姐姐，乳名八娘。在八娘两岁的时候，苏轼降生了。可以说苏轼的出生承载了苏家人很大的期望，对苏家来说有着特殊的意义。两年多后，弟弟苏辙也出生了。

苏轼，字子瞻，自小聪明伶俐，六岁开始读书，八岁入乡校，拜天庆观道士张易简为师。求学的有近百个学生，老师只对他赞誉有加，认为其聪明乃全校之冠。苏轼对这位教了他三年的启蒙老师印象深刻，直到晚年流放岭南时还梦见他。

后来，苏轼转到眉山城西寿昌院的州学就读，老师是刘巨（字微之）。刘巨是当时著名的文人，也是家喻户晓的名师。他曾写过一首《鹭鸶诗》，其最后两句是“渔人忽惊起，雪片逐风斜”。小苏轼读后对老师说：“先生的诗是很好，不过我怀疑最后两句断章没有归宿，不如改作‘雪片落蒹葭’，好不好?”刘巨听了又惊又喜，认为苏轼的改动使诗歌的意思更确切，意境也更优美了，不由得对别人道：“我没有资格做他的老师了!”

苏轼十岁的时候，已能作文章。一次，父亲诵读欧阳修的新作《谢赐对衣金带马表》，叫苏轼认真研读并拟作一篇。苏轼的拟作里面有“匪伊垂之带有余，非敢后也马不进”的句子，父亲看后甚喜，认为这个儿子以后一定会有出息。

很快苏轼就初露作文天才之端倪。有一天，父亲以《夏侯太初论》为题叫苏轼作文。夏侯玄（字太初），是三国时期魏国重臣。当时司马师继其父司马懿之后专权篡政，任大将军。夏侯玄参加了推翻司马师的密谋，事泄被捕，临死前面对屠刀面不改色，举动自若。据说夏侯玄平时处事就极镇静，一次他靠着柱子写字，当时大雨滂沱，雷电击中了他所靠着的柱子，连衣服都被烧焦了，然而他泰然自若，依然写字，而其余宾客和下属都吓得不轻，站都站不稳了。苏轼借以评论道：“人能碎千金之璧，不能无失声于破釜；能搏猛虎，不能无变色于蜂虿。”意思是：人能够在打破价值连城的碧玉时不动声色，而在打破一口锅时失声尖叫；人能够搏取猛虎，可在见到野蜂毒蝎时惨然失色。这两句话用简洁的语言、形象的比喻把有准备和无准备情况下，人们的不同状态表现得淋漓尽致，以此推崇夏侯玄临危不惧的精神。苏轼初次显露出自己翻空出奇的雄辩才情，得到父亲的赞许。苏轼成年后还把这两句用在《黠鼠赋》和《颜乐亭诗序》中。

苏轼读书，除了必读的经典之作，最喜欢贾谊、陆贽的文章。他们的文章都侧重于实用，不尚空言。苏轼从中学习论证的方法，特别是干预现实的精神。后来又爱读《庄子》，读起来废寝忘食，被庄子所宣扬的不受约束的自由世界所吸引。他觉得《庄子》所讲的道理，正是自己一直所思所想的，只是还没有用合适的语言表达出来。

苏轼是个悟性极高的孩子，书读得好，但也非常贪玩，而他又不缺少玩伴，除自家兄弟外，还有伯父家的堂兄弟、外祖父家的表兄弟及街坊邻居。课余时间，他们常结伴偷偷爬上醴泉寺内的树上摘橘子和柚子，掏挖鸟窝，看鸟儿喂食，也经常登上石头山捡拾松果。但与苏轼关系最密切的还是他的弟弟苏辙。

苏辙（1039—1112 年），字子由，一字同叔，比苏轼小近三岁。他们一起长大、一起读书，形影不离。苏辙在《逍遥堂会宿二首（并引）》中写道：“辙幼从子瞻读书，未尝一日相舍。”苏轼曾写诗给与其同榜的晁美叔说当年在眉州没有谈得来的朋友，弟弟则是自己最好的朋友：“我年二十无朋俦，当时四海一子由。”他们不仅是兄弟，还是师生，苏辙在哥哥的墓志铭上说：“我初从公，赖以有知。抚我则兄，诲我则师。”他们还是诗词唱和的良友、政治上荣辱与共的伙伴、精神上相互勉励安慰的知己。《宋史·苏辙传》说：“辙与兄进退出处，无不相同，患难之中，友爱弥笃。”两人之间有许多互答诗，苏轼几乎每到一处任所就要给苏辙写信寄诗，弟弟苏辙也常常写诗给兄长苏轼。

苏辙性情恬淡，冷静稳健，在仕途上比苏轼平坦很多。但自从进入仕途以后，兄弟俩的命运就连在了一起。当哥哥一贬再贬时，弟弟的日子也不好过。

嘉祐六年（1061 年），苏轼第一次出外做官，任凤翔府判官，苏辙把他一直送到郑州，这是兄弟俩第一次长时间分别。苏轼登高远望，看着苏辙的乌帽随山坡的起伏而忽隐忽现，顿生悲悯和忧伤之感。

在熙宁九年（1076 年）中秋夜，苏轼因怀念苏辙写出了“但愿人长久，千里共婵娟”的千古名句。这时离兄弟俩上一次会面已过去了六年。

“乌台诗案”发生时，苏轼几死狱中。苏辙一再上奏愿免一身官职为兄赎罪，最后被贬监筠州盐酒税务。

元祐年间苏辙升尚书右丞，苏轼遭人排挤，乞求外任，苏辙也连上四札乞外任，以期离哥哥近一点。两人曾约定“夜雨对床”，在以后的互答诗中不断提起，如苏轼曾说：“君知此意不可忘，慎勿苦爱高官职。”在作绝命诗两首寄苏辙时说：“与君世世为兄弟，更结来世未了因。”但这种心愿一直未能实现。

苏轼、苏辙的父亲曾给儿子们写过一篇短文《名二子说》，他在文中写道：“轮、辐（车轮上凑集于中心毂上的直木）、盖、轸（车厢底部四面的横木），皆有职乎车，而轼（车上露在外面的横木）独若无所为者。虽然，去轼，则吾未见其为完车也。轼乎，吾惧汝之不外饰也！天下之车莫不由辙，而言车之功者，辙不与焉。虽然，车仆马毙，而患亦不及辙。是辙者，善处祸福之间也。辙乎，吾知免矣！”这段话的大概意思是，车轮、车辐、车盖、车轸，在一辆车上都各司其职，唯有车轼显得没有什么实际用处。虽然是这样，但如果去掉了车轼，车也就不完整了。“辙”是车轮经过留下的痕迹，车行进必须沿辙而行，而论到车的功劳，“辙”不会有份。轼，这根横木太过于显露，不会掩饰，苏洵给长子取名“轼”，希望他学会蕴藏，收敛锋芒，并给苏轼取字“子瞻”，告诫他做事须瞻前顾后，谨慎从事。而给幼子取名“辙”，字“子由”，也是希望他谦虚谨慎，既能沿着前人的路子走，但也应自由发展，因为“辙”不像“轼”那么耀眼，容易遭人嫉恨。

可苏轼终究未学会“外饰”，一生豪放不羁，才华横溢，屡遭人妒，终生坎坷；苏辙一生谨小慎微，尽管不像哥哥那么光彩夺目，却比哥哥少了很多磨难，晚年定居颍川，以读书、著述、参禅为乐，晚年宁适。

缔结良缘

宋仁宗至和元年（1054 年），十九岁的苏轼迎娶了眉州青神县乡贡进士王方之女王弗（1039—1065 年）。那年王弗只有十六岁，满脸娇羞，楚楚动人。她勤快、孝顺、性情温柔，谨言慎行，深得苏家上下的喜爱。

那苏轼和王弗是如何结下姻缘的呢？王弗的家乡，流传着这样一个故事：在青神县的中岩寺有一所中岩书院，当时任教的老师正是当地有名的乡贡进士王方，即王弗的父亲。苏轼当时就在这里求学，在王方众多的学生中，唯苏轼品学最优，最受王方喜爱。在中岩寺有一处奇景——岩壁下有一方深潭，只要游人拍手，潭中鱼即相聚跳跃。王方请来了当地许多有名的青年才俊为这奇景命名。众人题名都不中选，只有苏轼的“唤鱼池”堪称风雅。王方正在仔细琢磨之际，爱女王弗让丫鬟送来自己的题名，王方展开一看，竟与苏轼的题名一字不差，王方情不自禁地说："此乃天缘之合，韵成双璧。"于是就将爱女许配给了苏轼，从而为我们留下了一段"唤鱼联姻"的爱情故事。

嫁给苏轼之初，王弗并没有告诉苏轼自己知书识字，只是每当苏轼读书的时候，她就拿着针线活在旁边静静地坐着，不肯离开。有一次，苏轼背书，背着背着卡壳了，急得抓耳挠腮，王弗在一旁偷笑，轻轻地提示了一句。这轻轻的一句，恍如巨雷惊梦，令苏轼大吃一惊。于是，苏轼当即指着屋子里的书逐一考问，王弗都能说出所以然来。这一发现让苏轼又惊又喜，顿时对妻子刮目相看，想不到她是如此聪慧颖悟而又沉静自持。自此后，小夫妻的感情持续升温。

后来，苏轼游宦凤翔，王弗跟随陪同。她深知自己的丈夫性格豪爽，心无城府，对丈夫的一言一行都特别留意，每天回来都会和苏轼促膝长谈，详细询问，生怕丈夫在外有所失误，吃亏上当。她经常引用公公的话提醒丈夫，说："你离开父亲远了，没有人指点了，凡事都要慎重。"在苏轼与访客交谈的时候，王弗经常立在屏风后面倾听谈话，帮助苏轼明辨人情是非。

有的人只为讨好，第一次见面就表现得亲密无间，王弗分析说："这种人的交情不会长久，来得快，去得也快。这种人不值得交往。"有的人毫无主见，王弗就说："这个人说话模棱两可，总在暗暗揣摩你的心思，一味迎合，你何必和他多说话浪费时间?”她的这些观察和分析，事后往往得到证实。

苏轼天性率真，对人真诚，不论亲疏，都吐以肺腑之言。他的这种性格虽然赢得了很多朋友的喜爱，但在复杂的现实生活中，却让他吃尽了苦头。他们夫妻二人在性格上形成最佳互补，久而久之，苏轼对妻子产生了深深的依赖之感。

遗憾的是两人只有短短的十年夫妻情分。宋英宗治平二年(1065年)，年仅二十七岁的王弗就因病去世了。

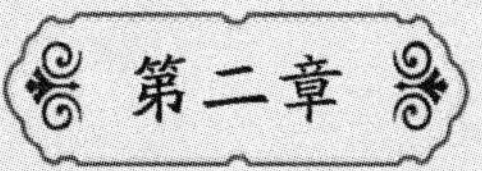

第二章

声名大噪，步入仕途

金榜题名

举家进京

兄弟初别

初仕凤翔

妻亡父丧

续娶贤妇

金榜题名

嘉祐元年（1056 年）暮春三月，二十一岁的苏轼和十八岁的弟弟苏辙在父亲苏洵的带领下，第一次离家远游。他们来到嘉陵江畔的阆中（今四川阆中），自阆中走上褒斜谷（今陕西勉县北）曲折陡峭的古栈道，然后翻过秦岭，进入关中。经过两个多月的长途跋涉，苏家父子三人终于到达京城汴梁（今河南开封），寄宿于僧庙，准备朝廷的科举考试。按照当时的规定，参加科举考试要经过三级考试：第一级称为“府试”或者“州试”；考取后还要参加由礼部主持的第二级考试，称为“省试”；最后参加由皇帝亲自主持的第三级考试，即“殿试”。

一切安排妥帖，兄弟俩就在父亲的督促下投入了紧张的复习备考之中，等待第一级的考试。八月，初试开始。苏轼崭露头角，考了第二，苏辙也是榜上有名，双双中举。他们都已闯过文官考试的第一关，已经具有应试进士的资格，就等着明春礼部的考试及皇帝主持的殿试了。但他们仍不敢松懈，考完初试后继续闭门苦读。

但作为父亲的苏洵，已经有过多次考试失败的教训，在儿子们的仕途上不敢掉以轻心，认为还是要做一些准备工作。在京城期间，他一有机会就会带着儿子们参加社交活动，与社会知名人士结交。当时文坛领袖欧阳修是主考官，苏洵登门拜访，并呈上自己的著作。欧阳修很赞赏他的文笔，并把他介绍给了枢密韩琦，苏洵转而又认识了一些高官显宦。不过苏洵生性冷淡自负，在一些朝廷领袖人物的心目中，并未留下什么好印象。

嘉祐二年（1057 年）二月，礼部的考试如期而至。皇帝任命礼部侍郎（礼部的副长官）、翰林侍读学士（给皇帝讲书的侍从官），同时也是北宋文坛领袖的欧阳修担任主考官，小试官是时任国子监直讲（辅助博士讲授经学）的梅尧臣，另外若干饱学宿儒为判官。

当时的北宋文坛，作文内容空虚，崇尚奇诡艰涩，文风矫揉造作。欧阳修对此深恶痛绝，下决心要改变这种恶劣的文风，而这次考试是一个绝佳的时机。当时科举考试是知识分子进入仕途的主要途径，而主考官对于文章的裁判，又有至高无上的权威，所以树立作文的新标准，是变更文风的关键。欧阳修要求应试文章必须言之有物，内容充沛，空洞浮华、艰涩诡怪的文章，一律不予录取。

苏洵对苏轼兄弟的教育，自幼就是从师法先秦两汉的古文和韩愈、柳宗元入手，注重内容的充实和感情的真挚，文风质朴，文笔自然流畅，这次应考，可说是适逢其时。进士考试那天，苏氏兄弟天蒙蒙亮就起床了，准备好干粮，赶往考场。

当时考试纪律非常严格。考生进入考场，就各自关闭在斗室之内，不到考完不准出场。每间斗室，都配有皇宫侍卫严加看守。考生考完之后，试卷收齐，先由书记登记在案，再把所有考卷重新誊抄一遍，以免考官认出笔迹，重新誊抄的试卷也略去考生的名字。考生考完出考场之前，考官就提前进入考试院，禁止与外界来往，直到阅卷完毕才出来。

此次考试的题目是《刑赏忠厚之至论》。苏轼苦心经营，三易其稿，仅用六百余字阐明了他一生所遵循的以“仁”治国的思想。

小试官梅尧臣先读到苏轼的试卷，大为赞赏，立即呈荐主考官欧阳修。欧阳修一气读过，又惊又喜。文章逻辑严密，笔力稳健，引古喻今，说理透辟，既阐发了正统的儒家仁爱思想，又富有个人的创见，颇有古文大家之风范。欧阳修本想将其评为第一，但又认为能作出这样出色的文章天下只有一人，那就是自己的学生曾巩。因为曾巩也参加了当年的进士考试。为了避嫌，欧阳修忍痛割爱，将这篇文章屈列第二。

三月，礼部考试合格者参加殿试，仁宗皇帝亲自主持考试。

苏轼兄弟金榜题名，中进士第，这一年，苏轼二十二岁，苏辙十九岁。二人才华出众、器宇轩昂，给仁宗皇帝留下了深刻的印象。殿试结束后，仁宗皇帝兴冲冲地对皇后说：“我今天为子孙们得了两个太平宰相!”

金榜题名后，按照惯例，得中的考生要致书谢各考官。欧阳修读了苏轼呈递的《谢欧阳内翰书》后，赞叹不已，他拿给梅尧臣看，说：“老夫当避此人，放出一头地也。”并预言，苏轼“文章必将独步天下”。

作为当时文坛领袖的欧阳修，声望如日中天，他的褒贬之词足以影响青年学子一生的荣辱成败。苏轼有幸得到他如此高的评价，一时名满天下。

举家进京

苏轼、苏辙兄弟进士高中，在京城声名鹊起。他们正要开启各自宦途的时候，一个噩耗犹如晴天霹雳从眉山传到京师。苏轼、苏辙的母亲程氏已于嘉祐二年（1057 年）的四月初八日病故。从苏氏父子三人离家进京赶考，到兄弟二人进士及第，苏家父子离家已一年有余，家里只剩下两个儿媳妇陪伴着老母亲。母亲去世时还不知道自己的两个儿子均已高中。

根据儒家之礼，父母去世，儿孙必须守孝两年三个月，哪怕身居高位，也必须退隐，是为“丁忧”，也叫“守制”。父子三人赶不及和京中好友道别，匆匆收拾行囊，日夜兼程赶回老家。到家只见母亲已去，家中一派荒凉景象，“屋庐倒坏，篱落破漏”，有如逃亡无人的人家。回想过去母亲在世时其乐融融的情形，兄弟二人悲从中来，拥着父亲不禁放声大哭。

苏洵将夫人之墓安在武阳安镇山下的老翁泉旁，并在泉上造了一座亭子，作《祭亡妻文》，感激妻子教养两个儿子的辛苦，如今两个儿子都已高中，算已告慰亡妻了。

从这一年的六月开始，苏轼、苏辙兄弟依礼在乡，为母守制。

嘉祐四年（1059 年）九月，苏轼兄弟守制期满。苏洵也先后两次接到朝廷的诏令，苏轼、苏辙兄弟乃新科进士，守制结束理应回京办理注官手续。于是，父子三人商量，迁往京城。这次进京，由于有女眷，且苏轼的妻子已怀孕在身，所以他们选择走水路。

十月初，他们第二次离家远游。沿江的十月是一年中最舒爽的季节，天高云淡，漫山红遍，处处都透露出成熟热烈的气氛。父子三人的心境也与第一次有很大的不同，此时兄弟俩已经进士及第，声名远播，美好的前程正在等待着他们。这是一次富有希望的水路旅行。

他们计划自眉州入嘉陵江，经嘉州（治所在今四川乐山）、泸州（治所在今四川泸州）、渝州（治所在今重庆）、涪州（治所在今重庆涪陵）、忠州（治所在今重庆忠县）、夔州（治所在今重庆奉节）诸州，经三峡到江陵（今湖北荆州）。过江陵以后的路程改走陆路进京。一路上他们游览名胜古迹，吟诗歌赋，过得倒是十分惬意。

苏轼一家从眉山出发，在嘉州登船。嘉州位于岷江和青衣江的汇合处，那里有著名的“乐山大佛”，大佛为弥勒佛坐像，开凿于唐玄宗开元初年。坐东朝西，高达七十一米，肩宽二十四米，耳长七米，脚背宽八米余，背倚陡峭的山崖，面临湍急的江流，气势恢宏。他们的小船，随着奔腾的江流，行过大佛脚下。苏轼面对如此雄伟壮观的景象，豪气凌云地唱到：

朝发鼓阗阗，西风猎画旃。
故乡飘已远，往意浩无边。
锦水细不见，蛮江清可怜。
奔腾过佛脚，旷荡造平川。
野市有禅客，钓台寻暮烟。
相期定先到，久立水潺潺。
——《初发嘉州》

早晨随着鼓声阗阗响起，船便起锚了，西风吹拂着船上悬挂的彩旗。故乡已渐渐远去，亲朋好友也不知何时才能相见，苏轼不免有几分不舍。弟弟苏辙写了和哥哥同题的诗，末句“行行重回顾”，也表达了对嘉州的留恋。但是崭新的生活又让苏轼兄弟充满期待，伟大壮丽的功业正等待着他们去建立呢！

终日锁筠笼，回头惜翠茸。
谁知声[illegible]嚁，亦自意重重。
夜宿烟生浦，朝鸣日上峰。
故巢何足恋，鹰隼岂能容。
——《涪州得山胡次子由韵（山胡，善鸣，出黔中）》

家乡眉山已不能让兄弟俩施展远大的抱负了，他们要去往更加广阔的天地里展翅高飞，自由翱翔。

苏氏一家从嘉州乘船一路前行，江流湍急，船行迅速，一家人其乐融融，欣赏着长江沿岸的名山大川，了解沿岸的风土人情，瞻仰先贤遗迹。

船上看山如走马，倏忽过去数百群。
前山槎牙忽变态，后岭杂沓如惊奔。
仰看微径斜缭绕，上有行人高缥缈。
舟中举手欲与言，孤帆南去如飞鸟。

——《江上看山》

这首诗描写了船在江中行如飞鸟，在船上看山，山如骏马竞奔的奇景。山势起伏不定，山态瞬息万变，气象万千，带给人无穷的乐趣。远望高山绝壁之上，似有人行走其间，恍如仙人，舟中人情不自禁地挥舞双手，欲向山上之人打声招呼，奈何小船行进飞速。全诗一气呵成，极具动感，比喻奇特，形象生动，显示出苏轼敏锐的观察力和丰富的想象力。

沿途经过忠州，在那里有一座屈原塔。屈原，战国时期楚国伟大的爱国主义诗人，也是楚国重要的政治家。早年深受楚怀王信任，立志为国鞠躬尽瘁。但因遭佞臣排挤毁谤，先后两次被流放。他一生坚持自己的理想和节操，决不随波逐流，向污浊的环境屈服。在秦朝攻破楚国国都时，屈原悲愤交加，怀石自沉汨罗江，慷慨赴死。忠州古属楚地，但从屈原的生平轨迹来看，他并未去过那里。大概是后人有感于屈原崇高的精神品质，为了缅怀屈原，才建此塔。苏轼一家听说有此塔，专门前往凭吊。伫立屈原塔前，苏轼心潮起伏，吟咏出《屈原塔》一诗：

楚人悲屈原，千载意未歇。
精魂飘何处？父老空哽咽。
至今沧江上，投饭救饥渴。
遗风成竞渡，哀叫楚山裂。
屈原古壮士，就死意甚烈。
世俗安得知，眷眷不忍决。
南宾旧属楚，山上有遗塔。
应是奉佛人，恐子就沦灭。
此事虽无凭，此意固已切。
古人谁不死，何必较考折。
名声实无穷，富贵亦暂热。
大夫知此理，所以持死节。

全诗分三部分：前八句写后人为了纪念屈原，形成了端午节包粽子、赛龙舟的习俗；次八句推测后人建立屈原塔的原因；

末八句赞美屈原不苟求富贵、坚持自己理想与节操的高贵品质。人都无法免于一死，富贵荣华都是过眼烟云，只有精神和节操是永恒的。苏轼认为屈原正是认清了人生的至理，才义无反顾投水赴死。苏轼怀着对屈原无限的景仰之情，写下这首诗。后来苏轼毕生坚持自己的政治主张和生活理想，身处逆境也不妥协苟合，同时保持乐观豁达的生活态度，相信从此时就已埋下伏笔。

过忠州后，他们继续前行。沿途多三国遗迹，他们游览奉节的永安宫，到达夔州登山观望诸葛亮的八阵图，看诸葛盐井，凭吊刘备托孤的白帝城。他们还到过神女庙、昭君村、黄牛庙等地。碧波滔滔的长江，秀丽多姿的巫山，沿途的名胜古迹，都大大激发了苏氏三父子的才思，一路上他们吟诗作赋，切磋技艺。

秋去冬来，节候变幻，凛冽的北风吹来了鹅毛大雪，山河大地一派银装素裹。他们一家人在船舱内围着暖融融的火炉，饮酒赏雪。如此良辰美景，怎可无诗？苏轼提议学“欧阳体”作《江上值雪》诗。“欧阳体”，指欧阳修在颍州（今安徽阜阳）所作《咏雪》诗，要求咏雪不可将玉、月、梨、练、鹅、鹤、鹭、絮、蝶、飞、舞等常用的喻像和皓、白、洁、素等常用的形容词入诗。虽然设置了诸多条框，但苏轼兄弟才思敏捷，只略作思索，便一挥而就，苏轼写出了“青山有似少年子，一夕变尽沧浪髭”这种新颖而形象的句子，将雪后美景生动地展现在眼前。

苏氏一家自十月初从眉州出发，十二月初至江陵（今湖北荆州）出陆，水路一千六百八十余里，途经十一个郡，三十六个县。此时已近年关岁暮，苏氏全家便决定在江陵略作休整，待过完春节再继续从陆路北上京师。

在江陵休整期间，为了纪念这次舟行，苏轼将父子三人一路上所作的一百余篇诗、词、文编成集，题名《南行集》（又名《江行唱和集》）。其中苏轼所作诗有四十二首，这是苏诗中现存最早的一批作品。苏轼还为《南行集》写了序，序中指出了作文应有的态度：

> 夫昔之为文者，非能为之为工，乃不能不为之工也。山川之有云雾，草木之有华实，充满勃郁，而见于外，夫虽欲无有，其可得耶？自少闻家君之论文，以为古之圣人有所不能自已而作者。故轼与弟辙为文至多，而未尝敢有作文之意。

真正好的文学作品都有赖于丰富的生活感受的触发，它不是“能为之”造成的，而是“不能不为之”的产物，就像山川兴起云雾，草木开花结果，是由内而外自然而然地表现出来的。苏轼这一重要的文学思想主要受教于自己的父亲苏洵，他后来的创作也都一直遵循着这个原则。

在江陵停留的日子里，苏轼有感于当地的风土人物，写作了一组五律《荆州》十首。其中最后一首写道：

柳门京国道，驱马及春阳。
野火烧枯草，东风动绿芒。
北行连许邓，南去极衡湘。
楚境横天下，怀王信弱王！

诗的前四句描写初春的景象：迎着春日的初阳，驰马穿过柳门（荆州城门之一），北向进京的道路宽阔而平坦，道路两旁的枯草在春风的吹拂下冒出了绿芽。在这广袤的原野上，诗人纵目远望，思接千载。

诗的后四句怀古咏史：荆州乃战国时楚国故地，疆域辽阔，楚怀王却因疏远屈原，宠幸奸佞，困死他乡。这使诗人不由想到宋朝的疆域更加宽广，难道不应有所作为，为国效力吗？

蓬勃兴旺的初春气象，慷慨激昂的诗句，无不透露出苏轼政治上的勃勃雄心和乐观自信的精神气质。

兄弟初别

嘉祐五年（1060 年）正月初，苏氏一家从荆州启程，陆行进京。经浉阳，渡汉水而至襄阳，过唐州、许州、汝州，最后于二月中旬抵达京师。他们在远离闹市的西岗租了一所宅院，暂时把家安顿了下来。

转眼已是春光烂漫的三月，苏轼被任命为河南府福昌县（今河南宜阳县西）主簿，苏辙被任命为河南府渑池县（今河南渑池县）主簿。主簿是各级主官属下掌管文书的佐吏，官阶九品。但因第二年朝廷要主办“制科”考试，兄弟俩便决定暂不赴任，准备应试。

宋代沿袭隋唐的贡举制度，设进士科取“常才”，又设制科取“非常才”。“制科”，又名制举，是国家于定期举行的科举考试之外临时设置的考试，因由皇帝亲自主持，故名。目的在于有针对性地选拔国家需要的某一类特殊人才。考试时间和科目皆由皇帝临时决定。宋代以后，历朝都有这种“制科”考试，科目百余种。应试者的资格，起初并无限制，官员和布衣皆可应考。后来考试的环节和要求变得极其严格，首先要数名公卿官员推荐，布衣还要经过地方官员的审查，然后参加由主考官主持的初试，通过初试后方可参加皇帝亲自主持的考试。严苛的选拔，使得参加应试者很少，能考中者更是凤毛麟角。苏轼曾说制科考试之难：“特于万人之中，求其百全之美，又有不可测知之论，以观其默识之能，无所不问之策，以效其博通之实。”整个宋代共开“制科”二十二次，但仅录取四十一人，可见难度之大。士人进士出身，已备受国人敬重，但制科出身，其荣耀又加倍于进士及第。

苏轼、苏辙兄弟在礼部侍郎兼翰林院学士欧阳修，天章阁待制、知谏院杨乐道的荐举下准备参加制科考试。为应对这项漫无范围、无所不问的考试，苏轼兄弟于嘉祐六年（1060 年）正月，便从西岗家中搬到汴河南岸比较清静的怀远驿居住，闭门苦读。

时间过得飞快，转眼已过大半年。七八月的天气，白天还是酷热难当，但有一天晚上，忽然刮起西风，风声凄厉，落叶飘飘，穿窗入室，其间又下起潇潇冷雨。在朦胧的烛光下，兄弟俩读着韦应物的诗集，当读到《示全真元常》诗“宁知风雨夜，复此对床眠”时，不禁触景生情，意识到兄弟俩现在拼命读书以备考试，将来一旦走上仕途，各自宦游四方，从此就要分离。以前在眉山两人同窗共读、形影相随，无忧无虑地度过了许多悠闲自在的美好岁月，怕是以后再难有了。

于是，兄弟俩就在怀远驿做了“风雨对床”的约定，等作出一番功绩后便及早隐退，同回故乡，共度风雨之夜，共叙手足之情。在此后的四十年间，他们一直未忘那晚的约定，无数次地在相互酬答的诗文中提及。然而由于可悲的人生羁绊，终究没有实现。

嘉祐六年（1061 年）八月，苏轼在制科考试中得第三等，苏辙得第四等。科制分五等，宋朝自有制策之试以后，第一、第二两等，皆是虚设，从来无人得过，普通都以第四等中选。第三等已是最高荣誉，苏轼以前，只有吴正肃公（育）一人得过第三等，苏轼是宋自有制科以来获得此等级的第二人。这一年，苏轼二十六岁。

制科入等后，苏轼除大理评事，苏辙为试秘书省校书郎。一旦之间，苏氏兄弟文名震动京师，流传四方。苏轼文章遂为天下第一。苏轼在京师宜秋门旁买了一栋住宅，号曰“南园”，奉父及全家徙居于此。

不久，朝廷诰下，任苏轼为将仕郎大理评事、签书凤翔府节度判官厅公事。大理寺评事是掌管刑狱工作的京官，签书判官是州府掌管文书、佐助州官的官员。这次是以京官的身份充任州府签判，和前一次被授予河南福昌县主簿相比，职位有了明显的提升。苏辙也以试秘书省校书郎充商州军事推官，但因侍奉父亲的缘故，暂未赴任。

兄弟分别在即，苏轼整装待发。嘉祐六年（1061 年）十一月，北风凛冽，天寒地冻，苏轼怀着火热的理想和憧憬，在晓色朦胧中，带着妻子王弗和不满三岁的长子苏迈踏上了征途。弟弟苏辙骑着马跟随了十几里，为哥哥送行。二十几年，兄弟未曾分开过，如今已行至郑州的西门郊外，蓦然惊觉，必须分别了。苏轼骑在马上，心神恍惚，望着弟弟颀长的身影渐渐消失在远方，泪眼模糊。苏轼定定神，转上荒茫的驿路。在马上他就在构思要寄给弟弟的诗作了，抒发了对弟弟难以割舍的兄弟之情。

不饮胡为醉兀兀，此心已逐归鞍发。
归人犹自念庭闱，今我何以慰寂寞？
登高回首坡垄隔，但见乌帽出复没。
苦寒念尔衣裘薄，独骑瘦马踏残月。
路人行歌居人乐，僮仆怪我苦凄恻。
亦知人生要有别，但恐岁月去飘忽。
寒灯相对记畴昔，夜雨何时听萧瑟？
君知此意不可忘，慎勿苦爱高官职。

——《辛丑十一月十九日，既与子由别于郑州西门之外，马上赋诗一篇寄之》

与弟弟分手后，苏轼继续前行，来到渑池。五年前，兄弟俩在父亲的带领下赴京赶考，就曾路过此处。那一次，他们在县中寺庙内借宿，得到庙中主持奉闲大师的热情招待。临别之时，兄弟二人在寺庙的墙壁上题诗留念。如今故地重游，已物是人非，奉闲主持已故去，寺庙也破败不堪，曾经壁上题诗已无字迹可寻。苏轼觉得人生变幻无常，即作诗告诉苏辙："老僧已死成新塔，坏壁无由见旧题。"这首《和子由渑池怀旧》，是苏轼为和苏辙《怀渑池寄子瞻兄》而作，表达了作者对人生来去无定的惆怅和对往事旧迹的深情眷念，是苏轼七律中的名篇。

初仕凤翔

嘉祐六年（1061 年）十二月十四日，苏轼抵达凤翔任所。现任太守宋选，进士出身，作为地方官一向声望甚好，温文尔雅，待苏轼尤其温厚。县令胡允文，在蜀时曾从苏轼问学，与其相处甚欢。这让初入仕途的苏轼颇有“幸遇”之感。

凤翔离京一千一百七十里，地处宋与西夏国的交界处，为边防重镇。曾经西夏兵横扫城邑，庐舍田地变成废墟，壮丁牲畜被掳，劫后荒原，经过了二十年还没得到恢复。苏轼一路所见都是破败的景象、赤贫的百姓，心情十分沉重。他暗自发誓，要尽自己的力量为百姓做一些事情。

到任之初，适逢新年假期，苏轼得有闲暇。凤翔本就是有名的古都，有很多名胜古迹。秦刻的“石鼓”，秦碑“诅楚文”，王维、吴道子画的竹和佛像，唐代雕刻家杨惠之所塑的维摩像，东湖，真兴寺阁，李氏园，秦穆公墓，被称为“凤翔八观”。对于人文古迹，苏轼从小就有着十分浓厚的兴趣。如今来到凤翔，苏轼如鱼得水，遍游凤翔附近的名胜，浏览古物。每到一处，必留下诗篇。

经过短暂的休息，苏轼正式开始了他地方官的生涯。他是一位很有实干精神的官员，对工作尽职尽责。到任后经常到所属各地察访民情，根据需要对地方政策进行改革。

苏轼上任后，做的第一件事就是改革“衙前之役”。“衙前”是北宋一种很苦的差役，主要工作就是代替官府押送物资和保管财物，如有损失，还要赔偿。这项差役让当地很多老百姓倾家荡产，甚至丢掉性命。凤翔府终南山盛产木材，每年均需编成木筏，从渭水放入黄河，运往朝廷，供皇家土木建造之用。途中要经过非常危险的三门峡，而朝廷要求运送的季节又多是渭水、黄河暴涨之时，木筏在运送过程中多会遭到损坏，导致百姓倾家荡产去赔偿，而且时有翻船丧命的危险发生。为此，苏轼修订了衙规，改变在水流暴涨的季节运送物资的陈规，减轻了百姓的痛苦。

凤翔府有很多贫民因无力偿还官府的债务而被关押在监狱里，苏轼到任后认真调查，发现这些欠债人多是无辜的，朝廷也下诏赦免，但是朝廷的诏书总被不法官员扣押，以向百姓敲诈勒索。苏轼对此倍感愤慨，作《上蔡省主论放欠书》，请求免除百姓的一切债务，让这些百姓能够“皆得归，安其藜糗，养

其老幼，日晏而起，吏不至门”。

苏轼在凤翔任职的三年里，曾几度遇到严重的旱情。在科技不发达的封建时代，人们基本上靠天吃饭，在自然灾害面前束手无策，只能祈求上天神明的救助。每当干旱来临，忧心如焚的苏轼，总是极其虔诚地履行祈雨的职责。一旦久旱逢雨，苏轼的欣喜之情便溢于言表，著名的《喜雨亭记》就是在嘉祐七年（1062 年）一场及时雨之后写成的。苏轼深知“五日不雨则无麦”，“十日不雨则无禾”，“无麦无禾，岁且荐饥，狱讼繁兴，而盗贼滋炽”，指出雨水是关系国计民生的大事。

苏轼关心农事、关心民生疾苦，与民同忧，与民同乐，在凤翔深受百姓爱戴，人称“苏贤良”。任职凤翔是苏轼实现治国为民理想的开始，但严酷的现实令他感到失望，自己的许多努力都劳而无功，自己改革实施的一些小政策只能缓解局部压力和解决暂时问题，不可能解决根本问题。苏轼深感自己当官不能为民造福，羞愧难言。沉重、乏味、没有希望的宦游生活，令苏轼有点厌倦。但是苏轼毕竟是一位积极向上的青年，尽管偶尔会有消沉和倦怠，可儒家经世致用的思想始终在他心中占据着重要的地位，只要一有机会，他的报国之心就会勃发出来。

妻亡父丧

苏轼在凤翔任职三年，于英宗治平二年（1065 年）正月解任还京，以殿中丞（管理宫廷事务的殿中省的官员）差判登闻鼓院（受理官民建议或申诉的机构）。

英宗久闻苏轼文名，想破格召他入翰林院，委以知制诰（起草皇帝诏书）或修起居注（记录皇帝言行）的重任。这一职位相当于皇帝的机要秘书，有权参与国家的重大决策，历来不少宰相都是从这一职位上擢升的。但是这一想法遭到宰相韩琦的反对。韩琦认为苏轼确实是不可多得的人才，将来朝廷肯定要重用他，但目前苏轼年纪尚轻，资历太浅，现在就提拔到如此重要的职位还为时过早，对他的提拔要有一个循序渐进的过程。韩琦建议按常规先进行考试，通过再授馆阁之职。苏轼心胸开阔，在得知韩琦阻扰其担任要职的事情后，丝毫没有不满，还把这当成宰相对自己的爱护，欣然参加“馆阁”考试。结果苏轼又以最高的“三等”入选，被授直史馆（编修国史机关的官员）。这一任命为苏轼提供了一个广泛阅读的良机，他兴奋异常。

当苏轼前途一片光明的时候，家庭的不幸再次降临。苏轼的妻子王弗和父亲苏洵先后去世，这让苏轼痛不欲生。

英宗治平二年（1065 年）五月二十八日，与他相濡以沫的妻子王弗突然因病去世，年仅二十七岁，留下尚未满七岁的幼子苏迈。他俩的婚姻生活只持续了十年，而这十年，正是丈夫出外求取功名，家庭残破，离合无常的艰难时期。她在家侍奉公婆，勤俭谨肃，声闻戚党；后随苏轼宦游凤翔，深知丈夫缺乏生活经验，又以她精明的头脑帮助丈夫辨析人情事理。如今妻子突然撒手而去，苏轼悲痛万分，回想十年来两人恩爱美满的婚姻生活，无法接受这惨痛的现实。他呆呆地坐在妻子的灵柩前，无数过往涌上心头。

王弗死后，苏轼将其灵柩暂时安放在京城西郊，准备日后有时间再扶柩还乡，把爱妻葬在母亲程氏的墓旁。

失去爱妻的伤痛一直伴随着苏轼多年，虽然后来他再娶妻纳妾，但对第一任妻子王弗的思念丝毫未减。在妻子去世十年后的一个夜晚，苏轼再次梦见王弗。梦醒之后，面对残烛孤灯，呼号北风，苏轼悲不自胜，于是披衣下床，提笔写下了那首流传至今的千古名作。

十年生死两茫茫。不思量。自难忘。千里孤坟，无处话凄凉。纵使相逢应不识，尘满面，鬓如霜。　　夜来幽梦忽还乡。小轩窗。正梳妆。相顾无言，惟有泪千行。料得年年肠断处，明月夜，短松冈。

——《江城子·乙卯正月二十日夜记梦》

恩爱夫妻，撒手永诀，时间倏忽，转瞬十年。人虽已亡，但过去的美好“自难忘”。如今妻子的孤坟远在千里之外，凄风苦雨，冷落苍凉；而自己独行人世，历经坎坷，“无处话凄凉”。词人含悲带泪，字字真情，将满腔的思念倾注于笔端，创造出缠绵悱恻、浓挚悲凉的感人意境。

这是一首沉痛深切的悼亡词。苏轼结合自己十年来宦海沉浮的痛苦遭际，形象地表达了对亡妻永难忘怀的真挚情感和深沉的忆念。

苏轼还没能从丧妻的剧痛中解脱出来，不幸的事情又接踵而至。距妻亡十一个月，英宗治平三年（1066 年）四月，老父苏洵忽然病情危急，于二十五日与世长辞，享年五十八岁。当时，苏洵还在参与朝廷组织编修礼书的工作，这部书稿刚刚脱稿；他自己独自撰写的《易传》，亦未完稿。临终前，苏洵再三嘱咐兄弟二人一定要将书稿的后继工作做完，两兄弟忍着悲痛，含泪接受父亲的嘱托。

苏洵去世的消息奏闻朝廷之后，英宗诏赐银一百两，绢一百匹，韩琦、欧阳修等元老重臣都送了厚礼，苏轼一一婉言谢绝，只求追赠官爵，了却父亲学而优则仕的心愿。英宗诏赠苏洵光禄寺丞，并命官府派船，专程护送苏洵的灵柩返回四川老家安葬。

六月，兄弟二人守护着父亲的灵榇和王弗的灵柩，沿长江逆流而上，从江陵进入四川，回到家乡。他们合葬父母于武阳县安镇山之老翁泉，同时葬王弗于其侧，并遵礼在家守制。

续娶贤妇

在守丧的最后一年，即熙宁元年（1068 年），苏轼续弦，娶的是发妻王弗的堂妹王闰之。王弗去世尚不到一年，苏轼和王闰之的婚事就已定下了。这样做的原因很简单：唯有闰之作为继室，王弗所留下的幼儿苏迈才能得到精心呵护。苏轼守丧一结束，二人就成婚了。王闰之嫁给苏轼后，又生了两个儿子苏迨、苏过，但对王弗生的长子苏迈视同己出，她把全家的生活安排得井井有条，一家老小和睦相处，使得苏轼又有了一个温暖的家。

王闰之跟随苏轼十六年，历经杭州、密州、徐州、湖州官任，共同遭受贬居黄州的生涯，后又从朝廷到州郡，再由州郡回朝廷，几起几落，颠沛流离，她在苏轼的生活中，绝不是可有可无之人。

苏轼刚到密州当太守时，正值天下大旱，蝗灾四起，百姓生活困苦不堪。他一到任，就投入灭蝗工作，接着扶危济困，沿着城墙捡拾弃婴，与百姓一道挖野菜度饥荒，一时身心俱疲，偶尔会在家里发点小脾气，对孩子的吵闹感到厌烦。苏轼有首《小儿》诗，就记载着家中发生的一件小事：

小儿不识愁，起坐牵我衣。
我欲嗔小儿，老妻劝儿痴。
儿痴君更甚，不乐愁何为？
还坐愧此言，洗盏当我前。
大胜刘伶妇，区区为酒钱。

这里的小儿应是闰之在杭州生的小儿子苏过，当时年仅四岁，一天见到父亲从外面回来，大概是想要点好吃的。苏轼又累又饿，心力交瘁，于是就发了脾气。所谓“儿痴君更甚，不乐愁何为”，是记述王闰之的话，意思是：“小孩子不懂事倒罢了，你怎么比他还任性？干吗不找点乐子呢？”既有责怪，又有怜爱，还有对丈夫、儿子的双重关怀。接着她又给丈夫洗净茶盏，端上苏轼喜欢的密州“薄薄酒”，用融融暖意让丈夫回到家庭的温馨之中。“大胜刘伶妇，区区为酒钱”说的是晋代名士刘伶的故事。刘伶视酒如命，家里只要有点钱，就被他拿出去买酒喝。为帮他改掉酗酒的毛病，刘伶的夫人常把酒给藏起来，甚至“捐酒毁器”，把酒泼掉，把酒器摔了，弄得刘伶在家里只好整天说谎、骗酒喝。苏轼认为王闰之的德行，大胜于刘伶的夫人。从这首诗中可以看出，王闰之对苏轼的体贴关爱，苏轼对王闰之的赞美之情。

苏轼后来在给好友王巩的一首诗中，给予爱妻王闰之更高的评价：“子还可责同元亮，妻却差贤胜敬通。”“元亮”是陶渊明的字，陶渊明在归耕隐逸时，曾作《责子诗》，告诫儿子们不要懒惰。苏轼这两句诗，前一句是点缀之词，重点在后一句，对妻子的贤惠大加赞美。

“敬通”是东汉大鸿胪冯衍的字。《后汉书》里面记载，冯衍“幼有奇才，年九岁，能诵《诗》”。冯衍品学兼优，注重气节，遗憾的是冯衍娶了一位非常悍妒的妻子，整日牢骚满腹，冯衍甚至写信给小舅子要求休妻，因而一生家道坎坷。苏轼在这里用“妻却差贤胜敬通”一句，说明自己的妻子实在是无可挑剔，自己这辈子比冯衍幸福多了。

王闰之敬佩苏轼，也理解苏轼。她知道苏轼喜欢与友人对酌，就在家中藏一些酒，以备苏轼“不时之需”。元祐六年（1091 年）冬天，大雪纷飞，天寒地冻，正任颍州知州的苏轼担忧贫民饥寒，无法入睡。王闰之劝丈夫说：“签判赵德麟曾经在陈州赈济灾民，很有成效。为何不请他来商议呢？”果然赵德麟对救灾之事胸有成竹，他设法协助苏轼散发柴米，解了颍州贫民的燃眉之急。次年的二月十五日夜，州堂前梅花盛开，月光皎洁。王闰之对丈夫说："春月胜如秋月，秋月令人凄惨，春月令人和悦。为何不邀请赵德麟等人来月下饮酒呢?"苏轼听后大喜，说："我不知你还能写诗呢！此话真是'诗家语'啊。"于是苏轼立马请来友人，并在王闰之话语的启发下，创作了《减字木兰花·春月》：

春庭月午，摇荡香醪光欲舞。
步转回廊，半落梅花婉娩香。
轻云薄雾，总是少年行乐处。
不似秋光，只与离人照断肠。

王闰之陪伴苏轼经历了官场的大起大落，一起度过了最艰难的生活，她总是想尽法子给苏轼解闷，照顾好家庭。元祐八年（1093 年），王闰之卒于汴京。她去世时，葬礼颇为隆重，苏轼亲自写了祭文《祭亡妻同安郡君文》，承诺"惟有同穴，尚蹈此言"。

王闰之的灵柩一直停放在京西的寺院里。十年后，苏轼去世，其长子苏迈来京把她的灵柩迁往汝州，与苏轼合葬，实现了苏轼为王闰之所作祭文中所说"惟有同穴"的愿望。王闰之是唯一与苏轼"死则同穴"的妻子。

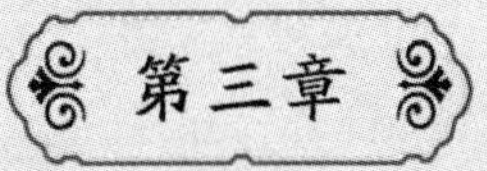

风云变幻，宦海沉浮

荆公变法

初入杭州

密州知州

改知徐州

乌台诗狱

贬居黄州

荆公变法

苏轼居家守丧期间，北宋英宗皇帝于治平四年（1067 年）正月初八驾崩，太子赵顼继位，是为神宗，并于次年改元为熙宁元年（1068 年）。这年的腊月，苏氏兄弟丧居期满，安顿好父母坟茔及田宅之事后，便携家眷由陆路返京。

临行前，乡亲们在苏家纱縠行的老宅中种下一棵荔枝树，说待荔枝树长大，硕果累累的时候，希望兄弟二人能功成名就，衣锦还乡。但苏氏兄弟此去，以后再也没返回故里。

熙宁二年（1069 年）四月，苏轼兄弟还朝。苏轼恢复殿中丞、直史馆的职衔，任职官诰院（负责颁发官吏身份文书的机构），苏辙则任职制置三司条例司。

北宋建国至今，旧有的制度已经不能适应新的境况——内忧外患。尤其到北宋中期，朝廷面临着严重的社会危机。在内，土地兼并现象严重，官员、军队机构混乱，国家财政入不敷出；

土地兼并又激化了阶级矛盾，苛捐杂税繁重，导致农民起义频繁发生。在外，北部的少数民族政权西夏和辽国时时威胁着宋朝的边境。为了换得暂时的和平，通过谈判，宋朝每年都要向西夏、辽国进贡大量的白银和绢帛，这又使本已入不敷出的北宋财政雪上加霜。

想要改变这一切，唯有变法，对陈旧的法令制度作出重大改变。那么，谁会成为这次变法中的核心人物呢？

王安石。

王安石，字介甫，别称临川先生、王荆公。北宋著名的政治家、文学家。他好读书，善写文章，他的文章曾让当时的文坛宗主欧阳修赞叹不已。王安石二十岁中进士，被任命为淮南判官，从此开始了他风波不断的宦途。王安石每到一任，都勤政爱民，治绩斐然，深受百姓爱戴，声名远扬。宋仁宗将其调往京师管理财政，他见国库空虚，立即上奏了一份万言书，主张变法，但宋仁宗未采纳他的主张，一些官员还对其冷嘲热讽，说他沽名钓誉。王安石深感自己的政治抱负难以实现，遂借母去世丁忧回到家乡。

宋仁宗去世，宋英宗即位，但不到四年英宗也病逝。之后，宋神宗即位。

神宗赵顼年方弱冠，血气方刚，他看到宋王朝开国以来积贫积弱，国防疲惫，国库空虚，颇想革故鼎新，有所作为。可是找不到可以信赖的大臣。这时有人向他推荐了王安石。

宋神宗立即召王安石回京，任命为翰林学士。王安石明白，施展自己政治抱负的时机已到来。于是一回京，就对神宗皇帝畅谈自己的见解。神宗听后极为赞同，二人相谈甚欢。

熙宁二年（1069 年）二月，神宗正式任命王安石为参知政事，主持变法事宜。是年七月，朝廷陆续颁布一系列法令，推行全国实施，以达到富国强兵的目的。

王安石在受命执政后，立即建立起一个负责制定户部（掌管户口、赋税等）、度支（掌管财政收支和粮食漕运等）、盐铁（掌管工商收入和兵器制造等）三司条例的专门机构，命名为“制置三司条例司”，作为主持变法的新机构。

变法的主要内容包括三个方面：

第一，理财。青苗法，在每年青黄不接时，政府贷款或贷粮给农民，农民收获以后偿还，加收百分之二十或百分之三十的利息，这样既能使农民免受高利贷盘剥，又能增加政府的财政收入；免役法，政府向应服役而不愿服役的人户收取免役钱，雇人服役，不服役的官僚和地主也要出钱；农田水利法，政府鼓励垦荒，兴修水利，费用小者由州县自行解决，大者奏报朝廷实行，提出合理建议或出钱募工兴建的，官府按实效给予奖励；方田均税法，政府重新丈量土地，重新核实各户所占田亩，并按土质的好坏分为五等，同时作为收取田赋的依据；市易法，在开封设立“市易务”，出钱收购滞销货物，市场短缺时再卖出，商人可以向“市易务”抵押资产，赊购市易务库存货物到各地销售。

第二，军事。保甲法，政府把农村相邻住户组织起来，十家编为一保，实行军事连带责任制，每户有两丁以上者抽一人为保丁，农闲时集中接受军事训练，维持社会秩序，农忙时种田，战时编入军队作战；将兵法，把禁军固定在一定辖区，由固定的将官加以训练。

第三，教育。改革科举选才制度，罢去诗赋明经诸科，以经义论策考取进士；设明法科，考律令、断案等；整顿太学，重新编纂教科书，内容为儒家经典；同时要求各州县兴办学校，逐步实现以学校代科举。

通过变法，北宋朝廷的财政收入大为增加，各地兴修了许多水利工程，不少荒地被辟为良田，军事实力也有所增强，在一定程度上扭转了积贫积弱的局面。

王安石变法的重点，在于富国，是要以政治的强制力量来达到充裕国库的目的。君、相之意如此，奉行的官吏就变本加厉，唯利是图。青苗法变成强派的“必借之债”，免役法使贫民不免于追捕，保甲法使农民不得安于田亩，市易法成为不肖官吏的市利工具，不但流为聚敛，甚至不惜严刑以求利，斫丧国本，为害甚烈。在“国计”与“民生”两端上，变法的重心明显倾向“国计”而忽视“民生”。新法实行之后，国家收入迅速增加，但是百姓的负担也日益加重。

另外，新法在推行的过程中，王安石为环境所迫，为追求事功，不惜用刑赏来推动新法的施行。奉行的官吏，莫不畏刑乐赏，他们为了个人的升官晋级，不惜严刑重法苛榨人民，有的地方甚至出现了“拆卖房屋以纳免役钱”。因而遭到许多王公大臣的抗议，其中反对最强烈的是声望极高的右谏议大夫司马光。

司马光和王安石都是当时一流的人物，变法之前，相互之间常常诗词歌赋酬唱往来，有着亲密深厚的友情。但是，两人的学术背景和政治思想完全不同，因而在变法运动开始后，二人很快便尖锐对立起来。

司马光曾三次写信给王安石，批评新法，尤以第二封信言辞最为激烈。信中，他指责王安石侵犯职权、惹是生非、搜刮钱财、拒绝规谏，王安石则针锋相对地给司马光回复了一封信一一予以驳斥。这封信叫《答司马谏议书》，信中说：“某则以谓受命于人主，议法度而修之于朝廷，以授之于有司，不为侵官；举先王之政，以兴利除弊，不为生事；为天下理财，不为征利；辟邪说，难壬人，不为拒谏。”大意就是说：我受皇上所托，改革法制，怎么能说是侵犯职权？为国兴利除弊，怎么能说是惹是生非？为天下理财，怎么能说是搜刮钱财？反驳错误言论，怎么能说是拒绝规谏？

司马光接到回信，只能无奈苦笑，见抗议无效，于熙宁三年（1070 年）离朝退居洛阳，十五年绝口不谈国事，闭门著述，完成历史名著《资治通鉴》。

在此之前，欧阳修作为变法反对派的另一个领袖，也曾屡次上书、辩论、抗议，最后也是愤然离职引退。此后，一大批元老重臣都步欧阳修和司马光的后尘，或者告病，或者引退，或者外调，他们想以这种消极的方式表达他们对变法的不满。一时间，朝野内外议论纷纷，山雨欲来。

苏轼兄弟自从返京就被卷入这场变法的激流中。还朝伊始，苏辙就进入新设置的变法机构“制置三司条例司”，为变法派服务，但他上书皇帝反对青苗法，随即在当年八月就被外放为河南府陈州推官，离开了京城。

面对北宋当时因循守旧的现状，苏轼是希望改革的。但是，他对王安石激进的变法主张，一直抱着怀疑和否定的态度。眼看着弟弟以及自己所敬佩的前辈、亲近的朋友、周围的同僚，因为反对新法一个个失意离朝，一种空前的寂寞之感在苏轼心中升起，他叹息道：“闭户时寻梦，无人可说愁。”可他并不肯闭门寻梦，有时候他愤激，有时候他自嘲，但更多的时候，他抗议。如今满世界只剩下一种声音，容不得不同意见。在这种情况下，苏轼确实不该发声了。但强烈的忧国忧民的思想在苏轼的心中火一般地燃烧着，他决心坚守“危言危行，独立不回”的政治操守，作为反变法派的代言人，为他所认定的真理抗争。

在王安石眼中，苏轼不过是一介书生，尽管才气横溢，但缺乏从政的经验和议政的眼光，他的那些文章和言谈不过是书生空论而已。然而书生空论，虽不能左右大局，却也产生了不小的舆论影响，这令王安石非常恼火。随即苏轼就被除去官诰院的职务，改任开封府判官，这一任命既可以使他远离皇帝的视线，又可用繁杂的首都地方行政事务困扰他，使他少有余力干预朝政。但是苏轼决断精敏，处事敏捷，不仅将职责范围内的事务处理得井井有条，而且依然有足够的精力关注朝廷的一切，哪怕是最细微的变化。

在一个寒冷的冬夜，他终于忍不住了，他要给皇帝上书，孤灯之下，奋笔疾书，写就洋洋数千言的《上神宗皇帝书》，苏轼奉劝神宗“结人心，厚风俗，存纪纲”，并对新法发起全面攻击。尽管在此之前，苏轼一直都在正式或非正式场合不断发表意见，非议新法，然而，完整系统地阐述自己对新法的不满，并逐条予以批驳，这还是第一次。

《上神宗皇帝书》呈递之后，几个月过去了，苏轼没有得到任何他所期待的回应，不禁有一种人微言轻的愤懑。他认为自己既然从贤良方正直言极谏科出身，就有义务尽到谏诤的责任。于是熙宁三年（1070 年）二月，他又写了《再上皇帝书》。这篇文章在真诚关注国事的基础上，又加上了一些个人意气，因此言辞格外激烈。他把新法比为毒药，说道："今日之政，小用则小败，大用则大败，若力行不已，则乱亡随之。"这封奏疏依旧如石沉大海。

宋神宗作为一国之君，出于派系平衡的考虑，他容得下苏轼的反调。但是对立派将苏轼视为眼中钉、肉中刺，欲除之而后快。

新任御史知杂事（负责监察弹劾百官）谢景温诬告苏轼兄弟在守父丧返回家乡时曾贩卖私盐、木材、瓷器等物获取暴利，这件事虽然最后以无证可查不了了之，却令苏轼感到官场的险恶。同时，他也看出神宗皇帝外有王安石等大臣，内有太后等尊亲，从某种程度上皇帝也是身不由己的。于是苏轼主动要求外放。

宋神宗还是非常欣赏苏轼才华的，但是改革势在必行，所以他同意了苏轼外放的请求，任命苏轼为杭州通判。

初入杭州

熙宁四年（1071 年），苏轼第三次离开朝堂，任杭州通判，这一年，他三十六岁。通判是北宋新设的一个职位，除与知州、知府共同处理政务以外，还担负着监视地方官的使命。所以，苏轼来到杭州并不完全是被放逐、受处分。

七月，苏轼携带一家老小——继室夫人王闰之、发妻所生现已十三岁的长子苏迈和刚出生不久的次子苏迨等，乘船离开汴京。他们先到陈州（今河南淮阳）与苏辙一家相聚，在那里逗留了两月有余。

九月初，暑热已消，秋风渐起，苏轼一家继续前行。苏辙送哥哥到颍州（今安徽阜阳）。颍州旧称汝阴，气候温和，物产丰饶，境内的西湖风景优美，可与杭州西湖相媲美。而他们的恩师欧阳修就隐居在这里。

一到颍州城，苏轼和苏辙便一同前去拜望欧阳修。看到老师虽然刚刚年过六旬，却已经须发皆白，步履蹒跚，兄弟俩不禁一阵心酸。

欧阳修见到两位得意门生来访，自然喜不自胜。他不顾身体衰弱，与两兄弟兴致勃勃地游览西湖，饮酒赋诗，畅谈终日，讲述离别后数年里各自的生活。欧阳修对现在的生活感到很满足，他说：我有书一万卷，金石遗文一千卷，琴一张，棋一局，酒一壶，以我一老翁，老于此五物之间。因而自号“六一居士”。

在欧阳修家停留了二十多日，苏轼不得不启程赴任了。苏轼兄弟与欧阳修分别时可能没想到，这是他们与老师的最后一次相聚了。一年之后，欧阳修就因病去世了。得知这一消息后，苏轼痛哭流涕，但因公务在身，不能前来奔丧，他满怀悲痛地写下了《祭欧阳文忠公文》，来追忆老师的一生，表达自己的无限哀思。他不仅坚持了欧阳修所开辟的诗文革新运动的方向，而且继承了欧阳修奖掖提携后进的精神，培养了一大批优秀的文学家，在北宋文学发展中起到了承前启后的作用。

与老师告别后，兄弟俩也在颍州分别了。秋风萧瑟，征帆高挂，苏轼心中充满了惜别之情，他感叹道：“我生三度别，此别尤酸冷。”这是他与弟弟苏辙第三次离别，由于处境不佳，前景黯淡，比之以往似乎格外伤感。人生有聚就有散，有喜就有悲，在聚散悲喜中反复，又怎能不日渐衰老疲惫呢？他对弟弟

说："于此长太息，我生如飞蓬。多忧发早白，不见六一翁。"苏轼一路上意兴阑珊，默默咀嚼着心头的苦涩，深深沉浸在对人生意义的思考之中。

很快，离杭州越来越近了。苏轼离京时，还是秋暑难当的七月，一路盘桓，直到十一月二十八日，一家人才抵达杭州，途程几已半年。

杭州自古就有"人间天堂"之称，山清水秀，富庶繁华，是京朝人眼中的东南第一大都会。自古以来，无数文人墨客在这里流连忘返，写下优美的诗篇，就连仁宗皇帝也曾由衷地赞叹道："地有吴山美，东南第一州。"苏轼一生在很多地方生活过，游历过许多名山大川，但是他对杭州始终有一份特殊的感情。

苏轼的官署就在凤凰山下，位于西湖与钱塘江湾中间。打开官署的窗户，他便能看见杭州西湖平静的水面，白云落日与山水相映，让人心旷神怡。湖面上游船点点，管弦歌吹之声丝丝袅袅地飘荡在空气之中，更增添了闲趣。苏轼情不自禁地陶醉在湖光山色之中，感受到许久不曾有过的宁静、清新和愉悦，那些官场上的烦恼和郁闷不知不觉消融在山间水畔。他内心开朗、活泼、好动的天性被重新激发了起来，也将他的诗心和灵感重新激发了起来。

苏轼刚来杭州时，没有可以同游的朋友，他想起了在颍州时老师欧阳修再三向他提起的杭州名僧惠勤。于是，在到任的第三天，苏轼便往孤山寺去拜访惠勤、惠思二僧了。

西湖孤山，位于钱塘门外四里许的北山路上，湖中一峰独立，碧波环绕，必须坐船才能到。山前山后，林木葱郁，古刹林立，参差相望。苏轼去的这日，天色晦暗，似有雪意，苏轼来到西湖边，乘船上山，湖水清澈，鱼儿漫游其间，茂林修竹中不时传来几声鸟儿清脆的叫声。苏轼穿云度岭，来到了孤山寺。

孤山寺环境清幽，竹屋纸窗，包裹住屋内的暖意。两位僧人身披袈裟，在蒲团上打坐，参禅修道。庭院洁净，古柏参天，四处悄无人声。宾主之间参禅谈佛，十分尽兴。回家后苏轼立即把拜访诗僧的感受写下来，在这首名为《腊日游孤山访惠勤、惠思二僧》的诗里，苏轼称道了僧人清静朴素的生活方式：

天欲雪，云满湖，楼台明灭山有无。
水清出石鱼可数，林深无人鸟相呼。
腊日不归对妻孥，名寻道人实自娱。
道人之居在何许？宝云山前路盘纡。
孤山孤绝谁肯庐？道人有道山不孤。
纸窗竹屋深自暖，拥褐坐睡依团蒲。
天寒路远愁仆夫，整驾催归及未晡。

出山回望云木合，但见野鹘盘浮图。

兹游淡薄欢有余，到家恍如梦蘧蘧。

作诗火急追亡逋，清景一失后难摹。

这首诗和前文的《初发嘉州》一样，显露了苏轼对佛道的接受和领悟。在这之后，苏轼不断地与惠勤、道浅和佛印等佛门中人来往。后世也流传着很多苏轼与佛门中人交往的故事。苏轼来到杭州后，经常漫步在名山古刹，穷幽揽胜，与许多僧人结为至交。

苏轼一生到过三处西湖：颍州、杭州和惠州。但是他对杭州西湖独有偏爱："天下西湖三十六，就中最好是杭州。"他写过许多有关杭州西湖的诗词，其中最为有名、流传最广的就是《饮湖上初晴后雨二首》中的第二首：

水光潋滟晴方好，山色空蒙雨亦奇。

欲把西湖比西子，淡妆浓抹总相宜。

前两句既写了西湖的水光山色，也写了西湖的晴姿雨态。"水光潋滟晴方好"描写西湖晴天的水光：在灿烂的阳光照耀下，西湖水波荡漾，波光闪闪，十分美丽。"山色空蒙雨亦奇"描写雨天的山色：在雨幕笼罩下，西湖周围的群山，迷迷茫茫，若有若无，非常奇妙。

后两句苏轼把西湖比喻成古代著名的美人西施，除了从字面看，西湖与西子同有一个“西”字，在风神韵味上，西湖与想象中的西施之美有其可意会而不可言传的相似之处。而正因西湖与西子都是其美在神，所以对西湖来说，晴也好，雨也好，对西子来说，淡妆也好，浓抹也好，都无改其美，而只能增添其美。从此，杭州的西湖得了一个众所周知的美丽别名：西子湖。

春天赏牡丹，中秋观钱塘潮，是杭州人文化生活中的两件大事。每到赏花、观潮之日，人们衣饰光鲜，扶老携幼，一时间万人空巷，热闹非凡。苏轼自然也乐在其中。

苏轼来到杭州的第二年，阳春三月，风和日暖，苏轼陪同知州前往最负盛名的安国坊吉祥寺赏花，在花前庭院饮酒作乐。数以万计的百姓从各处赶来，云集在寺庙内外，参加这一盛大的花会。许多人还把自家养的牡丹带来，交流品赏。其间还伴有酒宴、乐曲，好不热闹。会饮酒的人开怀畅饮，不善饮酒的人也陶醉在这种美好的气氛之中。而那些天生就喜爱热闹的孩童们，则尽情嬉戏。花会结束的时候，不分男女老幼，所有人鬓前襟上都插满了牡丹，跟随知州的仪仗，穿街走巷，城中到处都是欢声笑语，莺歌燕舞，俨然一个全民的狂欢节。面对此情此景，苏轼诗兴大发：

人老簪花不自羞，花应羞上老人头。

醉归扶路人应笑，十里珠帘半上钩。

——《吉祥寺赏牡丹》

若干年后，苏轼身在他乡，还不时记起这些美好的日子，不时地回味追忆。

钱塘江观潮是杭州另一处绝景。每年农历八月十六日至十八日，杭州人呼朋唤友，倾城而出。在这个特殊的日子里，城门大开，夜不宵禁，百姓们可以尽情观潮。潮水刚从海中涌出时，仅如银线。继而渐近，如成堆的积雪扑面而来。涛声震天，气势雄伟。数百名年轻健壮的弄潮儿，高举着手中的大彩旗，矫健地拍打着波浪，在波峰浪谷间出没、嬉戏。苏轼心潮澎湃，纵笔写道：

万人鼓噪骇吴侬，犹似浮江老阿童。

欲识潮头高几许，越山浑在浪花中。

——《八月十五日看潮（其二）》

游湖、观潮、赏月、品花，这些风月无边的活动带给苏轼无尽的快乐，同时也给了他无尽的创作灵感，让他留下了大量的华章美句在杭州这片灵山秀水之间。

在杭州的三年是苏轼填词生涯的习作阶段，这三年他共创作近五十首词作，尤以熙宁七年（1074 年）为多，竟写了四十二首，这一年也成为他一生中作词最多的一年。从内容上看，苏轼这一时期的词作，大多以应景社交之作为主，但已明显地表现出自己的独特风格了。词人自己直接成为抒情主题，而不是“以男子而作闺音”，使没有个性的小词变得个性鲜明。与以往词作在形式上也有了很大的区别，每首词除了词牌名，还有一个小标题，点出写作的缘由或写作的时间、地点等要素。

苏轼的这种创新将词的立意大大提高了，人们不再把词只当作酒后的娱乐消遣，词已成为一种和诗一样的文体格式，可以和诗一样抒情言志。正是这种全新的创作理念，以及对词格本身规律的全面把握，使得苏轼的创作进入一个全新的境界，达到了一个更高的高度，对宋词的发展与成熟起到了相当重要的推动作用。

苏轼在享受杭州生活的同时，也在努力把这片深深爱恋的土地治理好。他尽心尽力，为民造福，给杭州百姓留下了极其难忘的印象。

杭州本为钱塘江冲积而成的一块陆地，虽然经过历代耕作，但由于受海水倒浸的影响，水质苦涩，不要说饮用，就是用于灌溉，也不是最佳的选择。在唐代，名相李泌在任杭州刺史时，曾在城区开掘六口大井，并引西湖水济之，以解决百姓们的日常用水问题。后来白居易任杭州刺史时，更进一步治理西湖，疏浚六井，但是天长日久，六井又渐渐淤塞。苏轼上任时，吃水困难又成了杭州百姓的大问题。

熙宁五年（1072 年）秋，苏轼与当时的知州陈襄立下军令状，只要他们在杭州一天，就决不会让百姓求水而不得。

他们请来两位精通水利的僧人主持修复六井的工作。经过实地考察，多方走访，很快制定了详尽的治理方案，于是挖沟换砖，修缺补漏，六口大井又重新焕发生机，清流满溢。杭州百姓奔走相告，无不欢欣喜悦，载歌载舞。

三年通判任上，苏轼常常外出巡视，杭州府各个属县如新城、富阳、临安、於潜等地，都留下了苏轼的足迹。作为一名爱民如子的地方官，苏轼最大的心愿莫过于在自己的能力范围之内做一些实事，让百姓安居乐业。尽管当时的杭州城整体上是富庶繁华的，但那富庶繁华只属于城市。当时农村的景象并不总是赏心悦目的，严重的自然灾害不断侵扰着这片土地，水灾之后继以旱灾，旱灾之后又来了蝗灾，种种灾害接踵而至，一场大饥荒便不可避免地发生了。为此，苏轼几乎席不暇暖，奔走于四县八乡，时而防涝，时而抗旱，时而捕蝗，时而赈济灾民。

劳碌奔波固然在所不辞，竭尽全力却不能减轻百姓的苦难才是苏轼心中难以自遣的痛苦。当时，王安石变法运动正在全面展开。一系列的新法在一定程度上抑制了富商大贾兼并势力，有利于发展农业生产，也在短时间内达到了充盈国库的目的。然而，熙宁变法既以富国强兵为目的，一切从国家利益出发，其“富国之方”并不仅仅是以发展生产和平均赋税为途径，为了高效快速达到变法目标，也就不可避免地要扩大和加深对社会下层民众的盘剥，加重人民的负担。苏轼本来就是因为反对新法而离京外任，此时，奔波乡野间目睹穷苦百姓在天灾和虐政的夹击下无以为生的惨状，心情十分悲愤。

面对人民的苦难，一方面他力尽所能，想尽办法帮助百姓，使得他们的生活得到些许改善；另一方面，作为诗人，他又情不自禁拿起手中的笔，以无私无畏的精神揭露现实。他的这些诗一经写出，立即被人们争相传抄，广为流传。

熙宁七年（1074 年），苏轼在杭州的三年任期已满。此时弟弟苏辙早已离开陈州前往山东济南任职，兄弟二人阔别日久，思念心切，所以苏轼上奏朝廷，希望能调任到靠近济南的州县。九月，朝廷的任命下达，苏轼如愿以偿，被任命为密州（今山东诸城）知州。任命下达以后，苏轼参加了很多游宴和酒会，告别任职杭州三年以来认识的朋友。随后，便携带家眷离开了杭州。

密州知州

苏轼和苏辙兄弟自从熙宁四年（1071 年）九月在颍州同谒欧阳修后，一别已有三年未见。苏轼本打算经由海州绕道济南探望弟弟苏辙，但此时海州通往济南的唯一通道青河因冰冻停航。苏轼只好冒着寒风直接奔赴密州。

深秋的北国已是十分肃杀，加上密州位处偏僻荒凉之地，与富庶的杭州相比，真是天壤之别。寒风呼啸，景物萧条，苏轼的心情十分落寞。他回想起当年与弟弟苏辙一同入京，一举成名，不禁十分感慨，于是提笔写了那首《沁园春·赴密州早行马上寄子由》：

孤馆灯青，野店鸡号，旅枕梦残。渐月华收练，晨霜耿耿；云山摛锦，朝露漙漙。世路无穷，劳生有限，似此区区长鲜欢。微吟罢，凭征鞍无语，往事千端。　当时共客长安，似二陆初来俱少年。有笔头千字，胸中万卷；致君尧舜，此事何难？用舍由时，行藏在我，袖手何妨闲处看？身长健，但优游卒岁，且斗樽前。

词的上阙描绘了静寂、凄清的旅途景色，画出了一幅秋日早行图。进而即景生情，由自然界引向现实人生，抒身世之感。下阕回忆他与苏辙当年赴京应考，就像晋代“异才冠世”的陆机、陆云兄弟一样，但后来由于反对新法，只能远离京城，闲适度日，表达了不被重用的感慨。这是苏轼早期词作中的第一首长调，已将议论融入词中。

苏轼入密州境内已是隆冬时节，看见沿路田间地头到处人来人往，此时本是农闲时间，为何农民们都活动在田间？原来老百姓们都在赶着灭杀蝗虫。百姓告诉他本地虫害严重，不仅成虫要杀，而且连幼虫、虫卵都要一一杀清，不然春天一到，虫害依然会非常严重。

熙宁七年（1074 年）十一月三日，苏轼一抵达密州任所就立即着手调查虫灾的情况。在调查中，苏轼注意到一个十分惊人的数字，迄今为止，农民捕杀的蝗虫总数，报官的已经有三万斛之多！可是当地的官吏对此十分漠然，认为蝗虫虽多，但还未构成大的灾害，并讳言“蝗不为灾”，甚至说蝗虫可以为民除草。苏轼反问道，要是蝗虫果然能为民除草，老百姓就会祷告上天，希望多来些蝗虫，怎么会消灭蝗虫呢？两个月前，在杭州任上，苏轼曾亲自到各个属县组织捕蝗。当时，蝗虫从西北铺天盖地而来，上蔽天日，声如海浪，蝗虫所到之处，草木为之一空。这些都是他亲眼所见。苏轼说："淮、浙的蝗虫只不过是京东的余波所及，危害已是如此之大，而京东却说蝗不为灾，这能骗得了谁？"

他来到田间地头，走进村落农舍，实地调查的结果更令他万分沉重。连年干旱和蝗灾相续，百姓早已食不果腹，很多人只能以草根树皮充饥。而今年的秋旱比往年更加严重，滴雨不下导致冬麦无法播种，好不容易盼来一场雨雪，可已是天寒地冻，即使播种也无法生长。可想而知，来年的饥荒将更甚于今。

面对此种情况，苏轼并没有被吓到。他以精明练达的才干、踏实勤政的精神，有计划、有步骤地展开工作，一边组织民众灭蝗抗旱，生产自救，一边多方采取措施处置天灾所带来的种种后果。作为一级官府主官，苏轼还专门拿出一定的粮米，用于奖励积极捕蝗的群众。苏轼自己也身体力行，从早到晚奔忙在田间地头，巡视督查。

尽管从到任之日起，苏轼就带领密州民众与自然灾害作斗争，但限于当时落后的生产技术，在巨大的天灾面前，人力所能起到的作用微不足道。那几年，与密州邻近的数千里地区都陷入了严重的饥荒，在无衣无食的困苦之中，孱弱者抛儿弃女，辗转死于沟壑；强悍者铤而走险，恃强行劫。

面对民众的苦难，亲眼洞察到岌岌可危的社会局势，苏轼知道单凭一己之力无法挽回危局。上任不到两个月，苏轼便向朝廷上书《上韩丞相论灾伤手实书》，文章里说密州百姓将捕杀的蝗虫用蒿蔓裹住埋在路边，足足埋了二百多里。而“手实”是指变法派吕惠卿所创的新法《手实法》，目的是使免役钱的缴纳更为合理，但由于在订立物价、随价自报、揭发检举等方面存在不少问题，执行时发生了很大的混乱；后来此法在灾区也加以执行，加深了当地民不聊生的程度。

严重的自然灾害暴露了新法存在的弊端，也给了反对派一个攻击新法的机会。曾受王安石赏识，却不满于新法的皇宫门吏郑侠乘机向神宗献上一幅《流民图》，画的是戴着脚镣的灾民在砍树挣钱，用以偿还官府的青苗贷款。据说神宗反复观看这幅图，不断长吁短叹，晚上也没能睡着，第二天终于决定废止一部分新法，并解除了王安石的宰相职务。

密州是一个荒僻山城，苏轼曾在《蝶恋花·密州上元》一词中描绘了密州的冷清和杭州的繁华之间的强烈反差：

灯火钱塘三五夜，明月如霜，照见人如画。帐底吹笙香吐麝，更无一点尘随马。　寂寞山城人老也！

击鼓吹箫，却入农桑社。火冷灯稀霜露下，昏昏雪意云垂野。

苏轼说自己在密州除一鼓一箫之外一无所有，“寂寞山城人老也”。的确，密州与杭州无论在物质生活上还是精神生活上都存在着巨大的差距。出生于眉山的苏轼天生就是美食家，成都平原的丰富物产造就了四川人对饮食精致的讲究。到了物质贫乏的密州，不要说美食，就连平常饭食都是一种奢望。好在苏轼身边有一位贤淑温厚的妻子，时时为他分忧解烦。

熙宁八年（1075 年）十月，为答谢常山山神赐雨而重修的常山庙落成，苏轼亲自前往祭祀。归来途中，路过一个叫铁沟的地方时，他和同僚们进行了一次小型的狩猎活动。作为这次狩猎活动的主角，苏轼意气风发，豪兴满怀，一身戎装，英武雄壮，仿佛回到了裘马清狂的年少时代。他时而扬鞭策马，时而张弓扣弦，直到日落西山，才满载着猎物踏上归途。这次狩猎让苏轼油然想起当时西北边境的紧张局势（这年七月，宋与辽在疆界问题上发生冲突，宋失地七百里），心中激起效力疆场、以身许国的豪迈激情。他倚马而立，写下气概雄浑的《江城子·密州出猎》：

老夫聊发少年狂，左牵黄，右擎苍，锦帽貂裘，千骑卷平冈。为报倾城随太守，亲射虎，看孙郎。 酒酣胸胆尚开张，鬓微霜，又何妨！持节云中，何日遣冯唐？会挽雕弓如满月，西北望，射天狼！

词的上阕，词人自比三国时年轻英武的吴主孙权，描写出猎的盛况和出猎者的英豪与快意；下阕以西汉名将魏尚自况，表达希望被朝廷重用，杀敌报国，建功立业的心愿。整首词感情奔放，昂扬奋发，从题材内容到意境风格，完全突破了传统词作的樊篱。从此，苏轼对词的创作迈出了划时代意义的一步，一种崭新的词风正式形成，一个革新的词派由此出现。苏轼将宋词的创作推向了一个全新的高度。

熙宁九年（1076 年）中秋节，苏轼欢饮达旦，不禁想起五年未见的弟弟苏辙，于是写下了著名的《水调歌头 · 明月几时有》：

明月几时有？把酒问青天。不知天上宫阙，今夕是何年？我欲乘风归去，又恐琼楼玉宇，高处不胜寒。起舞弄清影，何似在人间。 转朱阁，低绮户，照无眠。不应有恨，何事长向别时圆？人有悲欢离合，月有阴晴圆缺，此事古难全。但愿人长久，千里共婵娟。

上阙先以明月发问，饮酒赏月，向明月诉说自己的惆怅。天上月宫使词人想逃避现实，产生向往之心，但又担忧孤独寒冷，人间自有人间的好，内心的矛盾纠结正是出世与入世的矛盾心理的形象化表现。

下阙先写月照人间的景象，表达对苏辙的思念。由明月的阴晴圆缺想到人间的悲欢离合，世间万物总有不如意之处，发出深深的感叹和祝福，打破了时间、空间的限制。这首词虽然是为怀念苏辙而写，但表达的是苏轼个人的一种看似通达，实则饱含郁愤的情绪，它是苏轼在密州时所经历的思想苦闷与超越诗意的总结。这首词对后世影响巨大，每每在中秋夜的时候，人们常常会吟出这首词来。南宋胡仔在《苕溪渔隐丛话》中指出：“中秋词自东坡《水调歌头》一出，余词尽废。”

熙宁九年（1076 年）十二月中旬，苏轼在密州三年任期已满。带着不能根除虫害的遗憾，带着对这片土地的依恋，苏轼携家眷离开密州，返京述职。

改知徐州

熙宁十年（1077 年）正月，朔风凛冽，大雪纷飞，苏轼一家冒着风雪行路，行至济南，弟弟苏辙届时已罢齐州任进京述职，尚未回来。苏轼一家在济南逗留了一个多月。二月上旬，苏轼带领全家继续赶路，在行至山东鄄城一带，与专程从汴京赶来迎接他们的苏辙相遇。自熙宁四年（1071 年）九月颍州一别，兄弟俩已经快七年未见，今日重聚，激动欣喜之情难以言喻。在早春的风寒中，兄弟二人共赴京城。不料到了陈桥驿，苏轼忽然接到诏命，改知徐州军州事。于是，苏辙陪同哥哥奔赴徐州，并在徐州停留了三个多月。

在徐州的日子，苏轼和苏辙形影相随，携手同游，秉烛夜谈，道不尽的快乐和惬意。他们常常想起十七年前怀远驿那个风雨之夜的对床旧约："逍遥堂后千寻木，长送中宵风雨声。误喜对床寻旧约，不知飘泊在彭城（即徐州）。"（苏辙《逍遥堂会宿二首》其一）然而旧约依然难以践行，所喜只是“误喜”。很快，苏辙就须赴南都（今河南商丘）新任，相聚终究短暂，离别近在眼前。两人一想到这，都无限伤感。

临别前夜，正是中秋佳节。苏轼遍邀友朋，在彭城山下，摆酒置乐，泛舟赏月。清风阵阵，鼓乐声声，他们感慨万分，心情十分复杂。回想过去，兄弟二人身处异地，今年有幸共度团圆之夜，备感欣慰。然而，相聚之后，又将是长长的离别。

第二天，苏辙乘舟东去。送别弟弟回来，苏轼心中一片茫然，于是他提笔写下《初别子由》一诗，以抒发满腹的离愁。子由“自少旷达，天资近道”，不苟求功名富贵，荣辱毁誉不萦于心，而且他性情平和稳重，常常劝哥哥谨言慎行，所以苏轼赞叹道：“岂独为吾弟，要是贤友生。”

徐州地处黄河下游，每当黄河发大水，往往难于幸免。苏轼上任不到三个月，黄河上游的澶州曹村大堤决口，连淹了四十五个州县，三十万顷良田。所幸的是，此次洪水之害暂未波及徐州，但苏轼还是觉得不能掉以轻心，仍组织民众做好防洪的准备。一个多月过去了，徐州境内的主要河流汴河水位一直维持着常态，于是很多人都存着侥幸心理，认为此次的洪水不会危及徐州。让人想不到的是，八月下旬，忽然连日暴雨，黄河洪水由北席卷而来，汇聚到徐州城下。由于徐州三面环山，水被高山挡住，水位不断高涨，如果不及时排水，徐州城将会倒坍。

几天后，徐州突下暴雨，河水顷刻间就涨了起来。而徐州地理环境特殊，大水无法迅速消退，因此一时之间，大水猛涨，转眼之间就快要漫到城中来了，形势十分危急。

在这紧要关头，苏轼立刻征用数千民夫，加高加固城墙，派出专人对重点地段进行看守。作为一郡之守，他不仅指挥，还亲自动手，身先士卒。

这时城内人心惶惶，一些大户甚至收拾好细软财物，聚集在城北门外，准备出城避难。苏轼急忙赶到城北，只见城门口黑压压地挤满了人，哀求声、怒骂声闹成一片。苏轼快步走上城墙，扫视了一眼这些扶老携幼、提箱背包的逃难者，心中油然涌起一阵悲悯之情。他深知，此刻一旦有人出城，必将导致民心大乱，徐州城不保。于是，他对民众晓之以理，动之以情，劝告大家，并表决心："有我在，绝不任水败城。"人们都被他深深地打动，并为自己逃走的行为感到惭愧，渐渐散去。

处理完这件棘手的事情，苏轼马不停蹄地冒雨前往禁军营地，因为城墙四处频频告急，需要动员更多的人参与救灾行动。宋朝时军队由皇帝直接统率，不能轻易为地方官所调配。但是眼下事态紧急，无法按常规行事。苏轼恳切地对禁军首领说："洪水马上就要冲坏城墙，事情紧急，你们是由皇家统帅的禁军，我希望得到你们的支持，与我同心协力保卫徐州城。"

禁军首领看到苏轼浑身湿透，满身泥泞，很是感动，慨然回答道："太守也不避水，我等更当效命。"于是，全体士卒与徐州百姓一起，冲出城外，火速在东南筑起长近万尺、高十尺、厚二十尺的长堤，最终将洪水暂时拦在城外，民心也渐渐安定。

接连下了两天两夜的暴雨，洪水又向上猛涨，水位离城头只有数寸。这时忧心如焚的苏轼采纳了僧人应言的建议，开凿清冷口，把积水引入黄河故道，才稍稍缓解危情。

苏轼整天身披蓑衣，脚穿草鞋，拄着木杖，视察每个危险的地方，连续数周过家门而不入，晚上就住在城墙上，随时处理突发事件。

这场大水历时七十多天，直到十月初，洪水才渐渐退去，徐州终于脱险。人们欣喜若狂，载歌载舞，苏轼内心的喜悦更是无以言喻。

稍事休整之后，苏轼又未雨绸缪地筹划着加固防水工程，以防次年洪水。经过一番细致地考察和精心地预算，苏轼拟订了一份施工方案，上报朝廷，请求拨款。和以往的奏折一样，这次上书之后，还是迟迟得不到回应。苏轼害怕自己的惠民工程又一次成为党争的牺牲品，他不能再等下去了，只能再次上报工程计划，将原有的预算大大缩减，将原计划修筑的"石岸"改为"木岸"。同时，他还写信请在京城的朋友们从中疏通，希望这一计划能够早日得到朝廷批准。

终于，在第二年二月，朝廷准奏，并拨款两万四千贯，准许动用地方财政六千贯，用工七千余人，修筑大堤。这年夏天，一条凝聚着苏轼心血与期望的徐州防洪大堤终于竣工了。与此同时，一座十丈高的楼台也正式落成了。苏轼从传统的五行观念中取义，为它命名。他认为金、木、水、火、土五行相生相克，黄代表黄土，可以克水，因此将此楼命名为“黄楼”。

苏轼因在这次抗洪救灾中领导有方，保全了徐州全城百姓的生命和财产，受到了神宗皇帝的褒奖。

经过洪水的洗劫，徐州四围满目疮痍。紧接着又逢大旱，人民生活几乎陷入绝境。苏轼以抗击洪水的同样勇气，带领百姓生产自救。同时，前往城东二十里外的石潭求雨，不久竟然接连下雨，旱情解除，庄稼又呈现出一派勃勃生机的景象。苏轼于初夏的一个早晨再次前往石潭谢雨，并写出了一组洋溢着泥土气息的《浣溪沙·徐门石潭谢雨道上作》。

照日深红暖见鱼，连溪绿暗晚藏乌。黄童白叟聚睢盱。　　麋鹿逢人虽未惯，猿猱闻鼓不须呼。归家说与采桑姑。

旋抹红妆看使君，三三五五棘篱门。相挨踏破蒨罗裙。　　老幼扶携收麦社，乌鸢翔舞赛神村。道逢醉叟卧黄昏。

麻叶层层苘叶光，谁家煮茧一村香。隔篱娇语络丝娘。　垂白杖藜抬醉眼，捋青捣麨软饥肠。问言豆叶几时黄。

簌簌衣巾落枣花，村南村北响缫车。牛衣古柳卖黄瓜。　酒困路长惟欲睡，日高人渴漫思茶。敲门试问野人家。

软草平莎过雨新，轻沙走马路无尘。何时收拾耦耕身。　日暖桑麻光似泼，风来蒿艾气如薰。使君元是此中人。

这组描写农村风光的《浣溪沙》词，宛如一幅幅生意盎然的风俗画，写得淳朴、亲切、兴会无穷，完全突破了词为艳科的狭窄樊篱，与现实生活紧密联系。可以说苏轼是文人词中第一个真实反映农村生活的词人，他用白描的手法描写农村的风光，着意表现农民丰富多彩的生产和生活场景，几乎涉及农村中的各色人物，散发着泥土的芳香。

在忙碌公务之余，苏轼在徐州的业余生活也逐渐丰富起来。和密州相比，徐州是一座历史悠久的古城，交通便利，物产丰饶，是一座繁华热闹的都市。这一时期，苏轼的交游又活跃起来，新朋老友往来不断，他们谈诗论画，饮酒吹箫，游走于山水之间。

当时，苏轼已文名满天下，欧阳修死后，苏轼当之无愧地成为文坛领袖人物，不仅徐州本地的文人争相与他交往，就连外地的士人也纷纷向他靠拢。前辈中如司马光早已不问政事，深居简出，但一直与苏轼保持着密切的书信联系，每有新作必千里迢迢寄给他，互相唱和。年轻一辈更是纷纷向苏轼求教，愿拜其门下，一时年轻文人以出入“苏门”为莫大荣耀。远在大名府（今河北大名东南）的黄庭坚，寄来书信和两首《古风》求教，表示愿意列在苏轼门下。苏轼早就从好友口中听说过黄庭坚，也读到过他的诗文，当时就耸然惊异，以为不是今世之人所作。如今收到他寄赠的书信，苏轼分外高兴，回信称赞他乃千年一遇的蟠桃，而自己是路旁无人采摘的苦李。从此，北宋文坛上的两大泰斗结下了亲密无间的情谊。

元丰元年（1078 年），另一位青年文人秦观也从高邮来到徐州，专程拜谒苏轼。他在诗中说：“我独不愿万户侯，惟愿一识苏徐州。”此时，秦观年已三十，还是个秀才，将进京应考。两位大词人初次见面，苏轼异常高兴，并祝他能应举成功，一鸣惊人。

除了黄庭坚、秦观，当时的文化名人晁补之、张耒等也先后求列于苏轼门下，被后人称为“苏门四学士”。加上后来的陈师道、李廌，一时“苏门六君子”传为美谈。这六个人日后都成了北宋文坛上的璀璨文星。

对于苏轼来说，徐州的生活是顺心遂意的。很快，苏轼在徐州的三年任期也即将结束，元丰二年（1079 年）三月，苏轼被任命为湖州太守。

临行的这天，官道两旁挤满了密密麻麻的徐州百姓，人们争相挽留这位贤良的知州。三年来，苏轼与徐州百姓一起战洪水、筑大堤、建黄楼、抗春旱，又结识了很多诗人名士，这片土地洒下了他的汗水，烙下了他的足迹，也留下了他的欢歌。他喜欢这里的山水，也热爱这里淳朴的民风，他甚至希望终老于此地。但朝命难违，苏轼怀着离愁别绪离开了徐州。

乌台诗狱

离别徐州，正是落花满地、飞絮撩人的暮春时节，从熙宁四年（1071 年）由京赴杭，熙宁七年（1074 年）调任密州，到元丰二年（1079 年）移知湖州，这是苏轼第三次在这条江南之路上奔波游历了，他心中充满无限感慨，处处美景，处处回忆，处处催人泪下。终于在元丰二年四月二十日抵达湖州任所。

湖州民风淳朴，山水清远，苏轼通判杭州时，曾到这里考察堤岸工程，如今重来，倍感亲切。新的环境，新的开始，苏轼心里也酝酿着许许多多新的计划。就像在杭州、密州、徐州一样，他希望为湖州的百姓办一些实事。然而，刚上任三个月，一场突如其来的严重的政治打击彻底破灭了他的这些美好愿望。

元丰年间的政局已发生很大改变，当年在朝中如火如荼论战的变法派和反变法派的核心人物，如今都已不在其位。专政十余年的王安石于三年前第二次罢相后黯然离京，号称“传法沙门”的韩绛和“护法沙门”的吕惠卿也在四年前罢相；韩琦、欧阳修、吕诲去世多时，富弼退休，司马光闭门著书不问政事。但是，朝中的纠纷丝毫不见缓解，反而日渐激烈，只是斗争的焦点不再是变法问题，而逐渐演变为权臣对异己的残酷打击。

新任的两位丞相，吴充在变法问题上基本持中立态度，王珪则是著名的“三旨”相公：请圣旨，得圣旨，传圣旨，毫无政见可言。王珪虽无政治才干，却有政客的手腕。从熙宁到元丰，朝政起伏跌宕，朝臣更替犹如走马灯，唯有他一帆风顺，始终不倒。王珪庸人为相，嫉贤妒能，不能容忍有才华的人。为了巩固自己的地位，他与亲信权御史中丞李定，权监察御史台里行何正臣、舒亶等人结成同盟，对在官场中不合他们心意的人进行打击。李定等人都是因拥护新法而骤得高位，现在变法派已无铁腕人物在朝，力量十分薄弱。他们终日惴惴不安，深恐宋神宗在无人可用时，转而起用反变法人士，所以早就存着心思要借机打击反变法派的潜在势力，摧毁他们重登政坛的可能性。

苏轼虽然不是反变法派中官位最高者，但他刚直不阿，直言敢谏，连司马光都感叹“敢言不如苏轼”，王安石甚至把他看成司马光背后的智囊。反变法派失势后，司马光绝口不言政事，苏轼却继续抗议新法扰民，还在诗文中冷嘲热讽，俨然成了整个反变法派的政治代言人。苏轼当时已经名满天下，虽然由于种种原因尚未获得朝廷重用，但他在文学艺术各个方面的卓越才华以及广博的学识、无与伦比的人格魅力，在士林的声望一直处于不断上升的状态，近五六年更是如日中天，声名远播。宋神宗平日最喜欢读苏轼的文章，临朝听政时也常常向身边近臣夸赞苏轼，这令那些嫉贤妒能的小人颇感不快。而且苏轼连续担任三任地方官都政绩斐然，深得百姓拥戴。皇帝称赞他说："民人保居，城郭增固，徒得汝以安。"这令李定等人不由得妒火中烧。此外，苏轼生性放达，口无遮拦，不知道掩饰自己内心的真实想法，总是语含讥讽，早已将他们得罪了。所以，李定等人将苏轼视为"眼中钉，肉中刺"。

苏轼抵达湖州后，按例上呈皇帝表谢恩的《湖州谢上表》。在谢表中苏轼写了这样几句话："知其愚不适时，难以追陪新进，察其老不生事，或能牧养小民。"其中"新进"和"生事"等词语刺激了一些小人。因为"新进"一词在变法期间已经成为那些毫无能力却突然升迁的人的代称。苏轼公然以这样带侮辱性的词语指朝廷百官，还自诩"老不生事"，这令李定等人恼羞成怒。于是，这些人开始群起而攻之。他们将苏轼的诗文收集起来，从中断章取义，罗织罪名，其焦点主要在苏轼肆意批评新政上。

李定等人轮番向神宗皇帝上书，弹劾苏轼。神宗皇帝在数日内连续收到四份状告苏轼的状纸。第一份是元丰二年（1079年）六月二十七日，御史台监察御史何正臣摘引"新进""生事"等词上奏神宗，指责苏轼"愚弄朝廷，妄自尊大。又一有水旱之灾、盗贼之变，轼必倡言归咎新法"，要求对苏轼"大明刑赏，以示天下”。他同时还上交了苏轼的一本诗集作为罪证。第二份和第三份是七月二日由监察御史台里行舒亶、国子博士李宜之同时上奏，他们在上交苏轼更多诗文的同时，还曲解苏轼的诗文，以此来激怒神宗。七月三日，御史中丞李定上交了第四份状纸。李定因当年不愿辞官丁忧而隐瞒母丧，被司马光称为“禽兽不如”，苏轼也讥他“不孝”。因此，他对苏轼一直怀恨在心。他在状纸中声称苏轼有四大该杀之罪，这四大罪从苏轼考取进士及第开始批判，直到在地方官任上，简直无所不包。将苏轼说成是一个十恶不赦的人，非杀不可。李定还说新政之所以未获全胜，都是苏轼妖言惑众的缘故。

四人的状纸各有侧重点，相互呼应，分明是经过了处心积虑的串通密谋。他们深知神宗最忌讳两件事，一是否定新政，二是毁谤朝廷及皇帝本人。李定等人为苏轼罗织的罪行正是瞄准了神宗最易动怒的环节下手。结果神宗雷霆震怒，传下圣旨，将苏轼谤讪朝政一案送交御史台查办。

最先得到这一消息的是在京的王诜。王诜是神宗皇帝妹妹魏国大长公主的驸马，他和苏轼交往密切，感情深厚。王诜听到这一消息万分震惊，立即派人前往南都（今河南商丘）告知苏辙。苏辙闻知五雷轰顶，立刻派人飞奔湖州，希望能赶在朝廷派去逮捕苏轼的皇甫遵等人的前头，让他有个心理准备。

七月二十八日，皇甫遵一行抵达湖州。这时苏轼也刚刚得到消息，他匆匆办理了告假手续，由通判祖无颇代行太守之职。

皇甫遵一行气势汹汹地闯进官衙，衙门里的人慌作一团，不知发生了什么事。苏轼也没见过这种阵仗，不知自己究竟犯了什么罪，见来人行事如此凶猛，苏轼心里也没底了。他与通判祖无颇商议要不要出迎，通判说躲避朝廷使者也无济于事，最好还是依礼迎接。于是苏轼穿上官衣官靴，面见官差皇甫遵。

皇甫遵脸色铁青，久久不语，两名士兵的腰间鼓起，好像藏有匕首，气氛十分紧张。苏轼见此状况，自认死罪无疑，遂先开口："臣知多方开罪朝廷，必属死罪无疑。死不足惜，但请容臣归与家人一别。"皇甫遵才从牙缝中挤出四个字："不致如此。"于是命士兵打开公文，原来只是份普通公文，只是免去苏轼的太守官位传唤进京而已。随即催促立即启程，将苏轼用绳子绑了，即时出门。

转瞬间，苏轼就从一位地方官变为阶下囚，整个州衙内外顿时陷入一种强烈的恐怖气氛中，祖无颇以下大小官吏全都畏避不出，只有掌书记陈师锡送到郊外，斟酒饯别。

一直跟随在苏轼身边问学的王适、王遹兄弟也将其送到郊外。王夫人得讯急忙追赶出来，全家老少跟随其后，呼天抢地。湖州百姓也纷纷赶来，无不唏嘘哽咽。

就在苏轼被押解回京的同时，御史台又下令，命所在州郡搜查苏家。当时苏轼家小二十多口人已在王适兄弟的安排下，前往南都苏辙家寄住，只有长子苏迈获准随行陪同父亲进京。此时一家人正在赶赴南都的船上，州郡官吏望风承旨，派遣大批人马连夜追赶，在宿州将他们的船只截下，翻箱倒柜，搜查苏轼所写的文字。面对豺狼一样的吏卒，苏轼一家老小都吓坏了。眼见船舱内满地狼藉，一向温和的王夫人又气又怒，便把苏轼的残文付之一炬。

八月十八日，苏轼被押解到汴京，随即被投入御史台的监狱。御史台位于汴京城内东澄街北，和一般建筑坐北朝南的格局不同，御史台的大门是北向而开的，取阴杀之意。

苏轼住在一间阴暗狭窄的囚房里，举手投足都会碰上阴湿粗硬的墙壁，整个囚房，只屋顶上方开有一个天窗，就像一口百尺深井。两日后，审讯开始。苏轼刚被带上刑堂，主审的张璪、李定等人便装腔作势问苏轼，五代以内有没有“誓书铁券”。原来北宋的制度规定，凡是曾蒙皇帝特赐的“誓书铁券”的功勋之家，五代以内子孙可以赦免死罪。苏轼出身微寒，祖上都是一介平民，兄弟俩全凭科举才走上仕途，哪有什么“誓书铁券”？张璪、李定之所以这么问，是因为这是审讯死刑犯所必经的程序。可见，在他们的心里早已把苏轼定为死罪，只待屈打成招了。

从八月十八日到十月二十八日，苏轼在御史台的监狱中被关押了两个多月，日夜接受审讯，在精神上和肉体上都经受了难以言喻的凌辱和折磨。奉旨勘问的官员一个个如狼似虎，时而威逼，时而诱骗，一心要把苏轼朝着蓄意诋毁皇帝的大不敬罪名上引。苏轼不肯招认，他们就大声诟骂，甚至殴打，而且轮番上阵，日以继夜，不让苏轼有喘息的机会。当时开封府尹苏颂，因审理一桩人命官司受人诬陷而下狱，被关押在苏轼隔壁囚房。他亲耳听到御史们对苏轼所进行的种种非人虐待，通宵达旦，惨不忍闻，为之悲叹不已。他曾写诗道："遥怜北户吴兴（湖州）守，诟辱通宵不忍闻。"御史们抓住苏轼诗文中的每一句话，每一个字，反复盘问，一定要苏轼承认其中蕴藏着恶毒攻击皇帝、攻击新政的深层含义。

为了达到一网打尽的目的，他们还逼着苏轼交代与他有过交往的每一个人，每一件事，有哪些人接受过他的诗文，又有哪些人写过讽刺文章给他。连互赠的礼物也要一一开列，不能有一点一滴的遗漏。苏轼不肯连累朋友，一连几日，任凭百般拷问，俱答"无往复"。但御史台早就派人进行广泛的"外调取证"，并将与苏轼来往密切的有关人等传唤到官府，一一问证。在强大的压力下，苏轼只得承认与人有诗赋往来，于是牵扯进来的人越来越多。

经过漫长的审讯，苏轼被逼写出了两万多字的供状，御史们经过整理做成"勘状"（起诉书）提交给神宗，指控苏轼攻击新法、讥讽朝政的罪名成立，只等神宗御笔一挥，即可结案。自此，苏轼独自枯坐在囚笼里等待最后的判决。

在等待最后判决的日子，其子苏迈每天去监狱给他送饭。由于父子不能见面，所以他们早有约定：平时只送蔬菜和肉食，如果得到凶讯就改送鱼，以便心里早做准备。一日，苏迈因银钱用尽，需出城去借，便将为父亲送饭一事委托给朋友，却忘记告诉朋友暗中约定之事。偏巧那个朋友那天送饭时，给苏轼送去了一条鱼。苏轼一见大惊：这是将被处死的暗号！心中极度悲凉。虽然在狱中无数次想到过死亡，但死亡真来临时还是心有不甘。想他对君王、对朝廷忠贞不贰，托诗以讽，完全是出于一片忧国忧民之心，不想如今却要背着“无尊君之意，亏大忠之节”的罪名死去。面对森然的监狱，他想到了弟弟苏辙，想到了妻子，想到了尚未成年的孩子，不由得泪流满面。于是，他用颤抖的手提笔写下两首凄楚哀怨的绝命诗：

圣主如天万物春，小臣愚暗自亡身。
百年未满先偿债，十口无归更累人。
是处青山可埋骨，他年夜雨独伤神。
与君世世为兄弟，更结来生未了因。

柏台霜气夜凄凄，风动琅珰月向低。
梦绕云山心似鹿，魂飞汤火命如鸡。
眼中犀角真君子，身后牛衣愧老妻。
百岁神游定何处？桐乡应在浙江西。

——《予以事系御史台狱，狱吏稍见侵，自度不能堪，死狱中，不得一别子由，故作二诗授狱卒梁成，以遗子由》

这两首绝命诗凄楚哀怨，令人不忍卒读。诗作完成后，狱吏按照规矩，将诗篇呈交神宗皇帝。宋神宗本就欣赏苏轼的才华，读到苏轼的这两首绝命诗，感动之余，也不禁为苏轼的才华所折服。

苏轼入狱之后，杭州、湖州等地的百姓自发地组织起来，连续数月为苏轼做“解厄道场”，祈祷神灵保佑他平安无事。苏轼在狱中听到这个消息，十分感动，所以诗的最后两句嘱咐家人将他安葬在湖杭一带，以表达他对两地百姓深深的眷恋和感激。

同时，朝中也有少数人冒着株连入案的危险仗义执言。苏辙从王诜的信使口中得知苏轼的消息后，就连夜赶写了一份奏章，请求解除自己现有的官职为兄赎罪。他说：“臣早失怙恃，唯兄轼一人，相须为命。”希望皇上宽大处理，免哥哥苏轼一死。通篇文字，情真意切，催人泪下。

以吏部侍郎（负责朝廷人事调配等事务的长官）退休的范镇，是苏轼的忘年交。案发之初便被御史台列为重点清查的对象之一，可谓自身难保。但他依然不顾一切，上书皇帝请求赦免苏轼。

事实上，宋神宗对苏轼一案内心也是十分矛盾和复杂的。一方面，他恼怒苏轼竟敢恃才狂傲，讥讽新法；另一方面，他又从心底里欣赏苏轼的才华，不忍轻易加害。同时，自宋太祖传下来的“不得杀士大夫与上书言事人”的祖宗家法也约束着他。

宰相吴充也直言：“陛下以尧舜为法，薄魏武固宜，然魏武猜忌如此，犹能容祢衡，陛下不能容一苏轼，何也？”已罢相退居金陵的王安石也上书说：“安有圣世而杀才士乎？”连身患重病的太皇太后曹氏也出面干预：“昔仁宗策贤良归，喜甚，曰：

‘吾今又为吾子孙得太平宰相两人’，盖轼、辙也，而杀之可乎？”

在太皇太后病逝前，神宗为了使祖母的病势好转，想在全国进行一次大赦。太皇太后对他说：“不须赦天下凶恶，但放了苏轼足矣。”

于是，十月十五日，宋神宗颁发了大赦天下的诏令，苏轼暂无性命之忧。直到十二月二十八日，神宗皇帝作出最终判决：苏轼贬居黄州。十二月二十九日，苏轼出狱，至此苏轼在御史台的监狱里度过了一百余天。

而其他与苏轼有关的官员也都不同程度地受到牵连。苏辙因上书营救苏轼，得罪当权者，被贬高安，任筠州酒监。驸马王诜因泄密给苏轼，而且时常与他交往，调查时不及时交出苏轼的诗文，被削除一切官爵。秘书省正字王巩，被御史附带处置，发配西北。与苏轼关系密切的黄庭坚和曾巩等人也都遭到或贬谪或罚红铜的处分。

至此，苏轼诗文一案告一段落。这便是宋史中有名的“乌台诗案”。“乌台”是御史台的别称，此名来源于汉代。当时的御史台内遍植柏树，树上栖息着成千上万的乌鸦，所以御史台又称为“乌台”或“柏台”，这两个称呼一直沿用到宋代。苏轼一案是因诗文而起，所以在历史上被称为“乌台诗案”。它开了中国历史上以诗治罪的先例，也拉开了中国“文字狱”历史的黑幕。

贬居黄州

黄州就是现在的湖北黄冈，北宋时属于偏僻荒凉之地，也是犯官流放的首选之处。苏轼这次被贬的官衔是“责授检校尚书水部员外郎，充黄州团练副使，本州安置，不得签书公事”，水部员外郎原是水部（工部的第四司）的副长官，但检校则是代理或寄衔的意思，并非正任之官；团练副使本是地方军事助理官，但苏轼只是挂名而已。在名义上说，苏轼得到的是一个闲职，不能参与公事；实质上，苏轼只是由当地州郡看管的犯官，性质近于流放。

元丰三年（1080 年）正月初一，汴京城里张灯结彩，爆竹喧天，千家万户都沉浸在新年的喜庆气氛中，苏轼在御史台差役的押送下，启程前往黄州，长子苏迈徒步随行。几天后，到达陈州，在那里与匆匆赶来的苏辙会了一面，安排好家事，随即各奔东西：苏辙返回南都接一家老小前往筠州，苏轼则径往黄州。天寒地冻，雪路湿滑，路程十分艰辛。二月初一日苏轼到达山环水绕的黄州，从此与这个江边小城结下不解之缘。

苏轼是作为犯官流放的，所以没有官舍居住，只能和儿子暂时寄居在城里一座有名的小寺庙——定慧院里。院里的主持颙师很看重这位住客，给予种种方便，还特意腾出了一间竹屋给他，并让苏轼父子在寺内搭伙，与和尚们一同用斋。苏轼在颠沛流离之后，终于有了一个安身之所。

被贬谪的罪官，到达贬所，有两件正事要做：一件就是立即向当地的长官“报到”；第二件事就是要进上谢表，苏轼写得小心翼翼，但仍将自己的立身本末，不卑不亢说得一清二楚，毫不沮丧。

苏轼见过徐州太守后，黄州无一熟人，没有地方要去。且“乌台诗案”给他带来的恐惧感还未完全消失，在陌生的地方，苏轼小心翼翼，闭门不出，总是闷头大睡，只是在夜深人静的时候悄悄溜出寺门到江边走走。一个寒冷的夜晚，苏轼独自一人来到江边，天空中斜挂着一钩残月，四周一片寂静，苏轼不由得顾影自怜起来，写下了一首《卜算子·黄州定慧院寓居作》：

缺月挂疏桐，漏断人初静。谁见幽人独往来，缥缈孤鸿影。　惊起却回头，有恨无人省。拣尽寒枝不肯栖，寂寞沙洲冷。

词中描写了一只大雁寒夜惊飞，既无伴侣，也无处栖身，最后孤独地栖息在荒凉的沙滩上。显然，那只掠过一棵棵大树而不愿落下栖息的“孤鸿”，正是惊慌失措、无处容身而又不改高洁品行的那位“幽人”的象征。幽人像孤鸿，孤鸿也像幽人。当然，这个幽人就是苏轼自己。

慢慢地苏轼开始走出寺门，但也只是在附近的溪水边钓钓鱼，或在山谷里采采药草，除了偶尔到城南的安国寺去沐浴外，他很少与人接触。一天，他漫步在定慧院东面那座花木葱郁的小山坡上，看到满山杂树间竟然盛开着一株海棠。他十分惊讶，因为这种名贵的花木原产于他的故乡四川，怎么会出现在黄州这样一个穷乡僻壤？看它孤独地开放在杂乱的树丛中，苏轼想到了自己的现状，十分感慨。后来，他陆续写下了很多有关海棠的诗词。其中比较有名的有《海棠》一诗：

东风袅袅泛崇光，香雾空蒙月转廊。
只恐夜深花睡去，故烧高烛照红妆。

五月底，苏辙护送嫂子和侄儿们来到黄州，苏轼在老友、鄂州知州朱寿昌的帮助下，从定慧寺迁到长江边上的临皋亭。这原是一座属于官府的水上驿站，房屋并不宽敞，苏轼一家二十几口人住着显得十分拥挤，但是经历悲欢离合的一家人毕竟是勉强安顿下来了。

顶着贬谪犯官的身份，苏轼已没有正常的俸禄可以领取了，官府只发给他一份微薄的实物来折算薪水。而苏轼向来也不注重理财，入仕以来的俸禄也是随手用尽，手上没有多少积蓄，一家人在黄州的生活捉襟见肘。为了渡过难关，苏轼及夫人闰之曾制订过一个节俭的生活计划，规定全家每天支出的费用不超过一百五十钱。于是，每月初一，他们就取出四千五百钱，平均分成三十串，挂在高高的屋梁上。每天早上用叉子从梁上取下一串作为当天的费用，然后就把叉子藏起来。另外再准备一个竹筒，把每天多余的钱存进去积蓄起来，以备招待客人。一家人精打细算，过起了粗茶淡饭的俭朴生活。

不过，苏轼生性豁达，即使在如此窘迫的情况下，他仍然能够找到生活的乐趣和精神的平衡支点，以旷达超逸的精神世界来蓄养自尊与自信。初到黄州，他便写了一首《初到黄州》：

自笑平生为口忙，老来事业转荒唐。
长江绕郭知鱼美，好竹连山觉笋香。
逐客不妨员外置，诗人例作水曹郎。
只惭无补丝毫事，尚费官家压酒囊。

苏轼说，被贬到黄州固然不是什么好事，但黄州“鱼美”“笋香”，正好可以享受口腹之欲。惭愧的是自己整天无所事事，白白领取朝廷的俸禄。

勉强度过了一年，苏轼囊中逐渐羞涩，他决定效仿陶渊明躬耕农亩。正在此时，好友马正卿到黄州来看望他，看到苏轼家徒四壁的窘境，自告奋勇向州府申请一块荒地拨给苏轼，供其耕种。新任知州徐大受本就同情苏轼，现在见有人为其出头，就将东门外一块原先用于驻兵的五十亩营地，拨给苏轼开垦耕种。这块营地荒废已久，布满了荆棘瓦砾，要想开垦成可耕种的田地并不容易，但苏轼毫不畏惧，他决心靠自己的劳动来养活全家。

经过很长一段时间的努力，全家人在苏轼的带领下终于把地开垦出来了。但想在这块贫瘠的土地上种出庄稼，用苏轼的话来说就像是要刮龟背上的毛来织毡毯一样困难。而且由于近年年头不好，发生大旱，所以在此种出庄稼难上加难。尽管如此，苏轼还是决定先作出一个规划，再进行各项具体工作。他根据地形高低、土性干湿，决定在有的地方种稻，有的地方种麦，有的地方种菜，有的地方栽竹，他还辟出一块鱼塘养鱼。

这一时期，苏轼对前代诗人陶渊明、白居易十分仰慕。在亲自参加生产劳动的过程中，苏轼想像陶渊明一样，过一种

“弄水挑菜”“庵居蔬食”的隐逸生活。同时，苏轼也想到了白居易，因为他的境况现在和白居易十分相似。白居易当年被贬往忠州，曾在忠州东坡垦地种花，并写有《步东坡》等诗：“朝上东坡步，夕上东坡步。东坡何所爱，爱此新成树。”苏轼一直仰慕白居易那种乐天知命、随遇而安的人生态度，于是把自己开辟出来的耕地也取名为“东坡”，并自号“东坡居士”，并写了《东坡八首》以纪念这次开荒经历。“居士”原是对在家修行的佛教徒的称呼，这里指追求清高、对世事淡泊的人。这个自号意味着苏轼思想上的一个重大变化。

在开辟“东坡”的第二年春天，为改善拥挤的住所，苏轼趁着农闲在“东坡”选择了一处地方，准备修建几间小屋。马正卿和黄州本地的一些朋友都赶来帮忙，一时东坡上热闹非凡。忙活了一个多月，五间住房终于在春雪纷飞中完工了。苏轼还兴致勃勃地拿起画笔，在房屋的四壁上全部画上了雪景，并将房屋命名为“雪堂”。他还亲书“东坡雪堂”四个字，挂在屋内。后来，苏轼又亲手在雪堂周围种植了柳、松、桃、茶等树木。雪堂周边有竹林，有小桥，有暗井。后来淮南转运副使蔡承禧又帮助添盖了三间新屋，苏轼将其命名为“南堂”。自此苏轼一家人的住房条件才得以改善，苏轼也有了自己的书斋，可以邀请朋友们聚饮谈笑了。

但是苏轼一家经济一直很拮据，招待友朋的也只是一些粗茶淡饭。但作为一位天才的美食家，苏轼仍然有办法让自己及朋友尝到美味。他做的东坡羹很有名，吃过的人都觉得味道十分鲜美，便纷纷向他请教。为此，苏轼还特意写了一篇《东坡羹颂》，详述做法。这道菜不用鱼肉，而是用蔓菁、荠菜、瓜、茄和赤豆、粳米等常见的廉价原料烹制而成，特别适合穷人和吃素的修道者食用。

他做的东坡肉是流传到现在的一道经典美食，在《猪肉颂》中，他写道：“净洗铛，少著水，柴头罨烟焰不起。待他自熟莫催他，火候足时他自美。黄州好猪肉，价贱如泥土。贵人不肯吃，贫人不解煮，早晨起来打两碗，饱得自家君莫管。”此外，黄州地临长江，盛产鲜鱼，苏轼摸索出一种烹调法，经常亲自掌勺，请朋友们品尝。

苏轼刚到黄州的时候，心情一度十分苦闷，但渐渐地他开始随遇而安了。苏轼居住的临皋亭就在江边上，时刻都能观赏江水映托之下的风雨云月、阴晴朝暮，这令他十分迷恋。他还时常漫步田野，泛舟江上，从大自然中寻求美的享受，领略人生的哲理。

他结交了许多黄州当地的朋友，不少旧交也纷纷从各地寄来长书短简，有的故人还不远千里来访，这给经历“乌台诗案”

的苏轼诸多慰藉。他现在已拥有足以为全家遮风避雨的住所，也逐渐适应日出而作、日落而息的田亩生活，他一步步从“乌台诗案”的阴影中走了出来。

转眼来黄州已两年，这天，苏轼在几位好友的陪同下准备在沙湖附近买一块肥沃之地，以为全家人提供丰足的衣食之源。春季的天气，阴晴不定，苏轼出门时让家僮带了雨具。但一路上风和日丽，家僮就先行了一步，苏轼和朋友则落在后面。不料突然阴云密布，风雨骤至。同行的友人都狼狈不堪，只有苏轼阔步雨中，步履轻快。没过多久，阵雨初歇，云去天晴，苏轼诗兴大发，写下了著名的《定风波·莫听穿林打叶声》：

莫听穿林打叶声，何妨吟啸且徐行。竹杖芒鞋轻胜马，谁怕？一蓑烟雨任平生。　料峭春风吹酒醒，微冷。山头斜照却相迎。回首向来萧瑟处，归去。也无风雨也无晴。

在雨中“竹杖芒鞋”吟诗弄句的诗人，表现出一种闲庭信步的潇洒。“谁怕”一语的反问，因了“莫听”“何妨”的映衬，更显得气度从容，现出披蓑烟雨的隐逸之思。经历过玉堂金马的荣耀和锒铛入狱的耻辱，又在黄州的躬耕生涯中备尝生活艰辛的东坡居士已经练就一副宠辱不惊、履险如夷的人生态度。

从沙湖回来没几天，马正卿领来一位器宇轩昂的年轻人，竟然是当时画坛奇才米芾。那时米芾虽然才二十出头，却在书法、绘画上造诣精深，深得士林中人赞赏。他早就听说苏轼被贬黄州，很想来拜会，这次终于在朋友的引见下得以相见。苏轼见到米芾也十分欣喜，他们一见如故，相谈甚欢。一连数日，两人形影不离，谈诗论道，作画写文，俨然一对忘年交。苏轼还特意拿出珍藏的吴道子真迹，共为欣赏。

没过多久，米芾辞别归家，苏轼为他摆酒践行。酒酣耳热之际，苏轼画兴陡起，命人取出画纸贴在壁上，他饱蘸浓墨，信笔画下两竿疏竹，然后又补上枯木、怪石，作为临别纪念送给米芾。米芾站在一旁看他挥毫泼墨，两竿墨竹都是从底部一直画到顶端，与通常的画法很不相同，于是问道："为什么不逐节分画？"苏轼回答道："竹生时，何尝逐节生？"这种与众不同的画法强调的是事物的本性与全貌，不拘泥于事物的外形，更关注于事物的精神风骨。枯木怪石正是他不求苟合于世俗、力图保持自我真率本性的外在表现。

自来黄州后，苏轼有了更多的时间写字画画，随着人生思考的逐步成熟，他的书画和绘画作品也日益焕发出动人的光彩。

黄州城西北长江之滨，有座红褐色石崖，形状像个鼻子，因此被称为赤鼻山或赤鼻矶；又因崖石屹立如壁，也称赤壁。深碧的江水映衬着红褐色的崖石，十分明丽醒目。赤壁之下，江面开阔；赤壁之上，则有栖霞楼、竹楼、月波楼、涵辉楼等建筑。唐代以来的诗文，又总是有意无意地把它和三国时赤壁之战的古战场牵连在一起，因此，这里又是一处凭吊古迹的地方。苏轼在黄州期间经常来赤壁游玩。送走米芾不久后的一天，苏轼又来到赤壁，站在矶头，望着滚滚东去的长江，想起自己一生的坎坷，少年壮志皆已付诸东流，不禁俯仰古今，浮想联翩，写下著名词作《念奴娇·赤壁怀古》：

大江东去，浪淘尽、千古风流人物。故垒西边，人道是、三国周郎赤壁。乱石穿空，惊涛拍岸，卷起千堆雪。江山如画，一时多少豪杰。　遥想公瑾当年，小乔初嫁了，雄姿英发。羽扇纶巾，谈笑间、樯橹灰飞烟灭。故国神游，多情应笑我，早生华发。人生如梦，一尊还酹江月。

词的开篇以雄伟的魄力，展开了一个时间的宏大场景，然后又陡然收缩，在这一时间上截取三国赤壁作为特写，使人仿佛既看到了大江的汹涌奔腾，又想到了历史上风流人物的绝世气概，更让人体味到作者兀立江边时的思绪万千和心潮澎湃，气魄极大，笔力非凡。

词的下阕集中笔墨塑造三国人物周瑜的英雄形象。除了对周瑜的儒雅仪态及美满姻缘进行描述，只用“灰飞烟灭”四个字，就将曹军溃败的惨景形容殆尽。“故国神游”以下则转写自己的感慨，和周瑜相比，自己年将半百却蹉跎人生，白发已生而功业全无。在与前代英雄的对比中，苏轼情不自禁地发出自笑多情、光阴虚掷的叹惋。

这首词气象磅礴，格调雄浑，其境界之宏大是前所未有的。特别是苏轼以空前的气魄和艺术力量塑造了一个英气勃发的人物形象，透露了他怀才不遇、壮志难酬的感慨。继《江城子·密州出猎》之后，苏轼彻底开辟了用词来表现重大社会题材的新道路。《念奴娇·赤壁怀古》不仅成为苏东坡词创作当中最重要的一首，也成为我国词史发展上的一个里程碑，从而确立了豪放派在我国词史上的地位。

使赤壁与苏轼结下不解之缘，也使赤壁名扬天下的则是苏轼先后创作的两篇《赤壁赋》。元丰五年（1082 年）的秋季和冬季，苏轼前后两次携带友人游览赤壁，良辰美景俱备，嘉宾贤主相得，于是苏轼兴会淋漓，写下了传诵千古的前、后《赤壁赋》。

前赋字字写秋色，后赋句句写冬景；前赋述江面之游，后赋记登山之趣；前赋实写主客对答，后赋虚写道士化鹤；前赋充满禅道哲学，后赋谱叙无限风光。可以说是笔笔不同，但又相互紧密联系。这两篇赋骈散结合，偶句与散句交互迭出，错落有致，在整齐对偶中显示出摇曳多姿。再加上音节自然流畅，铿锵悦耳，文势充沛，给人以强烈的美感。

“赤壁三咏”，是苏轼人生思考步入新境界的艺术总结，是苦难之根上绽放的绚丽花朵，是他以超凡的理性、过人的坚忍从逆境中重新站起的崇高宣言，是他参禅学道、随遇而安从而心境平和、生活安宁的最佳发挥。这不仅是苏轼个人艺术美学哲学的一个高峰，也是中国文化史、中国文学史上不可多得的奇葩。

元丰六年（1083 年）二月，苏轼患疮疖，疼痛难忍，竟至卧病不出。一直到五六月，风火之毒上升，侵及右眼，炎赤肿痛，几乎失明。黄州人早已见惯苏轼每天出入东门，时时畅游赤壁，但是今年自春天以来，忽然踪影全无，大家都觉得有些奇怪，只隐约听说得了重病。恰逢四月十一日，与苏轼同样出自欧阳修门下的散文大家曾巩在临川病逝，一时谣言四起，说苏轼与曾巩同一天故去。谣言很快传到京城，甚至传到了皇宫。

神宗大吃一惊，马上派人去核实。消息很快传回，原来只是谣言。神宗又喜又悲，失而复得当然是一种幸福，但是他害怕下次再听到时，流言会成为事实，到时就不可挽回了。这段时间的情感激荡让神宗皇帝感到必须要珍惜和重视苏轼了。

元丰七年（1084 年）正月的一天，宋神宗亲书手札，将苏轼"量移汝州（今河南汝州）"为"团练副使，本州安置，不得签书公事"。"量移"的意思是指酌情移至离京城较近的地方，但苏轼"罪臣"的身份并未改变。苏轼本以为此生会终老黄州了，为此他还购置了田产。虽然这一道小小的命令表面上没有改善他的任何现实境遇，罪名未撤，官职没变，只不过离开偏远小郡，离京城近了一点而已，但当他看到神宗皇帝亲自书写的"人才实难，不忍终弃"的字句时，涕泪交零。对于一名深受儒家传统影响的士林知识分子来说，这实在是天大的鼓励。

从元丰三年（1080 年）二月到现在，苏轼在黄州已经生活了四年零两个月，在人的一生中这已是不算太短的一段日子。经过如此漫长的等待之后，仕宦生涯终于有了一点点转机，他的心中又重新燃起了希望的火花，但是，身不由已、没有尽头的辗转跋涉又令他疲惫倦怠，年近五十，渐入老境，他真的觉得有些累了。黄州是他生命的一个低点，这里的人民、这里的山水却待他如上宾。在情感上，苏轼对黄州是充满依恋的，不管是对黄州的风土人情，还是对黄州的黎民百姓。他并不想离开，可又不能不走。从小受儒家思想影响，拯世济时的理想并不会因为仕途坎坷而失落，立身处世的原则也不会因处境艰难而放弃。

这四年多时间是苏轼在政治上受到压抑打击的时期，但也是他在文学艺术创作上获得丰收的时期。而且与杭州时期诗的成熟和密州时期词的成熟不同，苏轼在黄州时期的创作呈现的是全面繁荣。不论诗、词、散文、赋、随笔、文艺评论，还是书法、绘画以及学术思想等，均有大量作品，且都达到了新的高度。黄州谪居时期是苏轼文学创作中最为重要的一个时期。

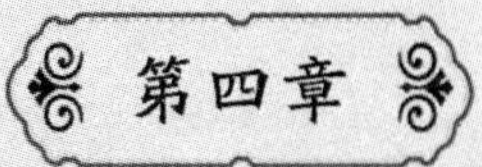

第四章

人生坎坷，不改其度

漂泊江淮

元祐更化

再返杭州

为官屡迁

流放惠州

再贬儋州

北归中原

漂泊江淮

元丰七年（1084 年）三月中旬，苏轼接到朝廷的任命后，循例上了《谢量移汝州表》，随后便着手收拾行李，前往汝州。

苏轼将离任的消息很快就传遍黄州城，和以往离任一样，黄州百姓们都很舍不得他离开。在整点行装的日子里，家里每天来话别的人络绎不绝，纷纷置办酒宴为他饯行，喝不完的美酒，道不完的离绪别情。席间，总有朋友拿出纸笔，请苏轼为他们留下墨宝。在这种绝佳的气氛之下，苏轼挥毫泼墨，自在洒脱。

虽然很是不舍，但是出发的日子终究还是到了。当苏轼渡过长江，于黑夜中行走在武昌山上时，听到从黄州传来的几声鼓角，他回望“东坡”，不禁倍觉伤感。

在黄州贬居的五年，苏轼的经济状况已极为困难，因此这次前往汝州，他只得和家人坐船而行。又因苏辙那时在江西筠州（今江西高安）任职，所以他决定自己先到筠州看望苏辙一家，稍后再由长子苏迈带领全家到九江与他相会。

在经过九江时，苏轼与好友参寥和尚同游庐山，这座文化名山早就让苏轼神往不已。庐山层峦耸秀，高入云霄，屡屡白云缠绕在山间，恍如仙境一般。庐山之所以饮誉古今，令文人墨客心驰神往，不仅在于它秀丽的自然景色，更由于它拥有丰富的人文景观。这里古刹林立，先贤遗迹随处可见，神话传说数不胜数。

初入庐山，美丽的景色如同一块巨大的磁石，深深地吸引着苏轼。在各种奇花异木的掩映下，险峰林立，幽谷频现，爬满青苔的石径上跳跃着从树林缝隙中穿过的光斑，时而传来一两声鸟鸣声，时而出现一屏雅致的飞瀑。整个山谷里只回荡着小鸟的鸣叫声和潺潺的水流声，更显得整个山谷的静谧。随着山径的高低起伏，似乎眼前已经到了谷底，但转眼过去，又是一段葱绿的缓坡，再过去又是一片气势压人的峭壁……美景多得不可胜数，只要脚步稍移，景色就会大不相同。

因为急着去筠州探望苏辙，在马不停蹄地游览了几处名胜后，苏轼便匆匆下山了。

经过风餐露宿数百里，苏轼来到筠州。一想到很快就要见到分别五年的弟弟，苏轼激动得无法安然入睡。五年来，兄弟二人书信来往频繁，交流各自读书、作文、学佛、修道诸多方面的体验，相互勉励。

苏辙早已得知哥哥苏轼正日夜兼程赶来相会，心中充满了期盼。他迫不及待地与儿子们一道出城二十多里前往迎接。他们在城郊的建山寺等待了一会儿，便看见远处风尘飞舞，一行人骑马疾驰而至，走在最前面的那个人身形矫健，长袖飘飘，正是苏辙朝思暮想的兄长。苏辙连忙迎接上去，紧紧握住哥哥的双手。兄弟二人对视良久，不禁泪眼模糊。

苏轼在筠州停留了七八天，兄弟二人十分珍惜这相处的短暂时光。他们把酒论诗，互相切磋；对床夜语，共诉人生感慨。

离开筠州，苏轼又回到九江。这时神交已久的佛印禅师也来到庐山，向苏轼发出邀约——同游庐山。佛印，又名了元，字觉老，他才思敏捷，博览群书，过目不忘，道风仙骨，声名早在僧俗两界远扬。佛印之号，即为神宗所赐。两人一见如故，携手同游，昼夜长谈。

正当苏轼在山中流连忘返之际，忽有僮仆来报，长子苏迈带领全家已到达九江，苏轼只得停止游山，欲与家人会合。

两次游历这座名山，差不多半个月，但大山之中还有很多胜景没能尽揽，其中位于北香炉峰下的东林寺和西林寺是不可不去的，所以苏轼下山前的最后一站便直奔这两座东晋古寺。

东林寺规模宏大，其间水深石怪，古迹无数。这里原是东晋高僧慧远的弘法道场，他曾在这里组织佛教史上著名的“白莲社”，弘扬净土宗教义。慧远“德行淳至，厉然不群。卜居庐阜，三十余年，不复出山”。寺外有条小渠，名为虎溪，相传溪边有老虎护卫。每次有客来访，慧远送客，从来不过虎溪桥，只有陶渊明、陆修静两位高士来访那次，彼此十分投契，边走边说，不知不觉过了虎溪桥，林间伏虎忽然大声鸣啸起来，三人相向大笑。这不过是《高贤传》里记载的一段“山林佳话”而已，与史不合，却使历代文人心驰神往。这天夜里，苏轼就住在寺中，卧听虎溪淙淙的水声，遥想慧远的高风逸调，不胜钦敬。

随后，苏轼又在东林长老常总和尚的陪同下游览了西林寺，并在庐山西林壁上题下那首广为流传的绝句《题西林壁》：

横看成岭侧成峰，远近高低各不同。
不识庐山真面目，只缘身在此山中。

这是一首著名的题壁诗，也是一首哲理诗。写出不同视角下庐山变化多姿的面貌。并借景说理：身在其中，不一定认识事物的全貌和本质。从不同的角度去观看庐山，只能看到它的局部，局中人反而看不清事物的真相和全貌，所谓“当局者迷，旁观者清”。只有跳出一己的局限，摆脱自我，才能获得全面客观的观照。正因为此，苏轼对人生、对自己也有了更多、更深的认识。

从庐山下来，已是五月下旬。此时苏轼的长子苏迈已二十六岁，将前往饶州德兴任县尉。因此一家人乘船绕道湖口，送苏迈赴任，父子二人乘便游览了当地的名胜石钟山。当年读北魏郦道元《水经注》及唐代李渤《辨石钟山记》时，苏轼就一直希望能亲临石钟山，一探石钟山命名的真正缘由。在游览完石钟山，他写下了那篇具有代表性的散文作品《石钟山记》。虽然关于石钟山命名的由来，后人又提出了更为合理的解释，但苏轼不轻信，不盲从，主张必须通过实地勘察才能得出正确的见解。

作为文学史上的名篇，《题西林壁》和《石钟山记》既是苏轼游山感受的记录，也是他这一时期人生思考的一个方面的总结。从这两篇文章可以看出，苏轼思想上的变化。这种转变也反映在他个人的政治立场上。他发现变法虽然有弊端，但其富国强兵的效果还是非常显著的。他承认自己之前对变法的认识太过片面，对王安石也抱有偏见。

苏迈在湖口与全家分别，独自前往德兴县赴任。临行前，苏轼谆谆告诫儿子，一定要精进努力，奋发向上，同时要保持一颗仁爱好生的慈悲之心，帮助那些需要帮助的人。苏迈谨遵父亲的教诲，再拜而别。

随后，苏轼带领全家经池州，过芜湖、当涂，于六月底到达金陵（今江苏南京），拜会了退居于此的王安石。

作为北宋政坛叱咤风云的人物，王安石曾两度为相，几经起落。他学贯古今，怀着匡时济世、致君尧舜的远大理想，将一腔热血献给变法事业，可在错综复杂的政治大环境中，最后却落得“亲友尽成政敌，谤怨集于一身”的可悲结局。撇开纷繁的政见不说，对于苏轼的才华，王安石是一直很欣赏的。尽管熙宁初年，苏轼频频上书攻击新法，此后又写过一些诗文批评新法实行后所产生的负面影响，曾令王安石不快。但是，作为一位伟大而无私的政治家，在他当政时期，他并没有打击、迫害苏轼。相反，在元丰二年（1079 年），苏轼深陷牢狱之时，已不在其位的王安石仍然仗义执言，上书营救。苏轼贬居黄州时，王安石也一直关注着这位比他年轻十六岁的当代英才，每当碰到从黄州来的人，他总是要问："子瞻近日有何妙语？"王安石爱读苏轼的诗歌，有的还作了和诗。在读到苏轼在黄州所作的《胜相院藏经记》后，王安石欣喜地称赞道："子瞻，人中龙也！"

从苏轼的角度来说，虽然最初他激烈地反对变法。但十多年来，他也客观看到了变法给国家带来的一些好处，思想观念已有所改变。而王安石的个人品格和政治品质是无可指责的，但就像王安石这样的一个人，也还是遭受了被排挤和罢官的命运，苏轼在内心深处不无同情与和解之心。何况在"乌台诗案"中，王安石还给予他有力的支持。苏轼和王安石虽曾在政治见解上有过尖锐的对立，但彼此都是出以公心，并无半点个人恩怨。而如今已过去十几年，变法初期两人交恶的情况也早已成为过去。

这次苏轼路过金陵，在新任江宁府知府王胜之等朋友的热心安排下，终于去拜谒了王安石。王安石也高兴地接待了苏轼。十多年的隔阂终于冰消瓦解。

金陵自古便是繁华之地，历史上曾有六个王朝在这里先后建都。"江南佳丽地，金陵帝王州"，名胜古迹随处可见。在金陵期间，苏轼与王安石经常一同出游，同题赋诗，极尽欢愉。

蒋山是金陵的一大胜地，王安石由于年迈体衰无力攀登，于是苏轼在王胜之的陪同下前往游玩。苏轼写了一首《同王胜之游蒋山》诗，王安石在读到其中的“峰多巧障日，江远欲浮天”一联时，不禁拍案叫绝：“老夫平生所作诗，无此二句。”他还曾多次对朋友说，不知道要再过几百年，才能出一个像苏轼这样优秀的人物。

苏轼对王安石也是充满倾慕之情。过去即使在攻击王安石的学风时，苏轼也肯定“王氏之文未必不佳”。当他读到王安石的《桂枝香·金陵怀古》一词时，则情不自禁地叹道：“此老乃野狐精也。”

苏轼和王安石在金陵共相处了一个多月，彼此留下了良好的印象。王安石还建议他在金陵购置田产，比邻而居。苏轼对王安石的美意十分感动，便欣然从命，积极措办，但后来未能如愿。而王安石也在一年多后离开了人世。

在金陵的日子里，苏轼尽管和友人唱酬频繁，十分欢快，但是家中发生了一件令他悲痛不已的事。刚到金陵不久，他的小儿子苏遁便因病夭折了。苏遁于去年九月二十七日在黄州出生，苏轼暮年得子，十分欢喜。谁知苏遁还不到一周岁，便夭折了。苏轼悲痛难抑，苏遁的母亲——苏轼的侍妾朝云更是痛不欲生，终日以泪洗面。丧子之痛对苏轼的打击很大，在这段时间的书信和诗歌中，他曾反复提及此事。

八月中旬，苏轼离开金陵，前往金山。在那里，与老朋友滕元发、佛印重聚。同时，“苏门弟子”秦观和润州知府许遵闻讯也赶来，大家欢饮畅谈。

再次见到秦观，苏轼感慨万千。两位好友上一次见面还是在“乌台诗案”之前。那年春天，他们同游湖州，一起同住两个多月，天天诗酒歌赋，足迹遍布当地的所有名山盛景。两人依依不舍地分别后，都各自迎来了厄运。苏轼被捕投入御史台，秦观则受到了非常严重的牵连。虽然同样身陷囹圄，秦观还是非常担心苏轼的处境，到处打听消息，希望能够帮助做点什么。“乌台诗案”后，苏轼被贬居黄州，秦观也频频写信安慰。

对秦观的才情，苏轼一直都是赞不绝口的。现在历经忧患之后，更认识到他独立不阿、赤心待人的高贵品质。可是，这样一位人品和才情俱佳的人才，却总是科场不顺，接连参加了几次进士考试都未能中第。苏轼很想助他一臂之力。想到自己刚刚话别的王安石，苏轼便先后给他写了两封信，极力推荐秦观。

王安石对苏轼的推荐非常重视，认真读过秦观的作品后，也非常欣赏他，在回信中写道：“得秦君诗，手不能舍。叶致远适见，亦以为清新妩丽，与鲍、谢似之。”

有了两位文坛泰斗级人物的认可与提携，秦观的仕途显然平坦了许多，也为日后的声名远扬打下了坚实的基础。

苏轼在元丰七年（1084 年）年底到达泗州，在泗州过了年。其实他并不想去汝州，而想前往常州，熙宁七年（1074

年）离杭州通判任前，他曾在那里买过一些田地，便于安排一家人的生活。他先后写了两份《乞常州居住表》，请求神宗能允许他在常州居住。终于在第二次上奏后，他的这个请求得到了神宗的批准，神宗让他仍任检校尚书水部员外郎，充团练副使，不得签书公事，在常州居住。收到诏令时，苏轼一家已到达南都（今河南商丘）。

正当苏轼感念神宗的恩泽，为“君恩未报”而深深遗憾的时候，不幸的消息从天而降。三月初五，年仅三十八岁的神宗皇帝积劳成疾，一病身亡。噩耗传来，苏轼悲痛万分，十八年来，尽管个人遭遇坎坷，但神宗对他的赏识与爱重是真的，而且经过了许多磨砺和反思，他又进一步理解了神宗锐意革新的苦心和功绩。他情不自禁地提起笔来，一连写了三首挽词，歌颂神宗所创立的功业，痛悼其英年早逝。

在南都逗留了近一个月，五月下旬，苏轼一家到达常州。数千里的辗转跋涉，总算告一段落。在常州安定下来后，苏轼过起了田园隐居的生活。他虽然一直关注着朝中发生的一切，但以前的教训和经历使他不再轻易发表意见，他还写信劝朋友不要非议新法。

在此期间，苏轼经常和志趣相投的朋友一起旅行游玩。金山寺是他常去的地方。金山寺主持佛印和他性情极为投契，两人经常一起谈佛论文。此时的苏轼心甘情愿置身于政治旋涡之外，做一个超然闲逸的旁观者。

元祐更化

神宗去世后，年仅十岁的太子赵煦继位，是为哲宗，于次年改年号为元祐。因为哲宗年龄太小，不能亲政，所以按照当时北宋的制度规定，由祖母太皇太后高氏垂帘听政，处理军国大事。

熙宁变法如火如荼时，高太后便对神宗说过“王安石乱天下”，可见她对新法的态度。当时她固守本分，并不干预朝政。但如今高太后自己听政，自然要对极不满意的新法进行纠正。她很快把司马光、吕公著等在变法中遭到逐斥的旧臣召回朝中，任以要职。司马光在变法中韬光养晦十年，朝野的声望反而益隆。百姓饱受新法之苦，此时也亟盼朝廷政策能够转向。司马光便上书向高太后力陈新法之弊，请求更张，这正是高太后起用他的本意，于是全面废除新法的行动迅速展开，史称“元祐更化”。

此时的变法派在朝中仍有很大势力，还在组织各种力量妄图顽抗到底；而反变法派已经各就各位，只等一声令下，就可以投入废除新法的行动中。

有了高太后的无条件支持，一时上书言论新法者多达千人。

苏轼的政治生活也因此开始发生变化。朝廷中，大批反变法大臣正有计划、分步骤得到起用，苏轼既以才高名世，又曾因讥讽新法遭贬下狱，自然不会被人遗忘。

六月初，京城便已盛传苏轼即将被起用的消息。果然，到六月下旬，苏轼便接到了朝廷的诏令：以朝奉郎起知登州（今山东蓬莱）军州事。六年艰辛的流放生活就此结束。

近三十年的仕宦风雨，享受过“太平宰相”的赞誉，经历了九死一生的“乌台诗案”和黄州五年的淬火修炼，此时的苏轼完全没有了功成名就时的激动和喜悦，年少时争强好胜之心与功名利欲之念均已淡然。

元丰八年（1085 年）七月下旬，苏轼动身前往新的任地登州。和往常所有的迁居赴新一样，他并没急着去就职，而是沿路拜亲访友、游山玩水，直到八月下旬，他还在润州一带逗留。十月中旬，苏轼才到达任地登州，这一并不太远的旅程，苏轼足足走了三个月。

不料到任不到五天，苏轼又接到朝廷九月间下的诏令任礼部侍郎（中央负责礼仪、祭享、贡举等事的机关的主管官）。

尽管如此，苏轼还是在短暂的时间内看出了登州有关军政与财税的两大弊政，于是在还京的途中一连写了两道奏章，提请朝廷重视登州海防，减轻人民负担。

十二月上旬末，苏轼抵达汴京就任礼部侍郎。任职礼部侍郎不到十天，苏轼又接到了新的任职命令，升任为起居舍人。虽然礼部侍郎和起居舍人都是从六品官职，但其重要性不可同日而语。

苏轼起居舍人任职不到三个月，又有特诏下达：诏令苏轼免试任中书舍人。

元祐元年（1086 年）九月，苏轼再次获得荣升，任翰林学士知制诰（正三品），专门草拟诏令。翰林学士这一职位是皇帝的近臣，有“内相”之称，往往是“将相之储”。苏轼之前，欧阳修、王安石、司马光都曾担任过这一职务。

元祐二年（1086 年）八月，苏轼在原有官职不变的情况下，又被升为经筵侍读，也就是皇帝的老师。作为封建时代的知识分子，能够成为帝王之师，是一辈子的理想与追求，也是一个读书人事业的顶峰。特别是能够成为未成年少帝的老师，意义非凡，因为自己的政治理想、治国之策，甚至是做人的准则都可能通过言传身教，让年少的皇帝学习、吸收，将来可以更有效地将自己的政治理想变为现实。对于这一任命，苏轼内心深处是十分乐意接受的。

在短短不到一年的时间里，苏轼从流放遭贬的罪臣，扶摇直上，成为朝廷举足轻重的大员。之前闲云野鹤般的生活一去不复返，繁忙成了生活的常态。

而作为“帝王之师”，苏轼为教育好年幼的哲宗而殚精竭虑，选择合适的内容、研究对路的教法，他还特别重视与哲宗的问学，在与少年皇帝的对谈中，让哲宗自己去领略历史的兴衰变迁，去感受个中的力量，为今后的亲政打下良好基础。

苏轼忙碌的身影带来的不仅是自己政治地位的提升，更巩固了他在北宋文坛的领袖地位。苏轼早年间就因文章辞赋名震天下，如今又高居庙堂，是太后、皇帝身边的红人，一时间，苏东坡万众瞩目，好像一块万能磁铁一样，许多人，不管雅的俗的、老的少的都被吸引到苏家。黄庭坚、秦观、晁补之和张耒也在这时会于京城。

黄、秦、晁、张四人名列苏轼门下，四人皆是全才，写诗、填词、作文、绘画、书法样样在行，是苏门弟子中最耀眼的四位，当时人还送了他们一个雅号——“苏门四学士”。其中黄庭坚诗名满天下，当时已和苏轼齐名，并称“苏黄”，他在书法上也和苏轼齐名，同列于“苏、黄、米、蔡”宋四家之中。秦观以词著称，词风清新婉约，是婉约派具有代表性的天才词人。晁补之和张耒二人专攻书画，文章也作得极好，名动朝野。

与欧阳修一样，苏轼爱才惜才，并愿意大力提携后进。在欧阳修去世后，他便把培养文学新生力量当成自己的责任，四学士有如今的成就，离不开苏轼的栽培和提携。当时苏轼还培养了另外两位新人，即陈师道和李廌。“苏门四学士”再加上陈、李二人，被人们称为“苏门六君子”。

苏轼虽是北宋文坛中泰斗般的存在，但他并不认为自己是个权威，与弟子们亦师亦友，互相批评，互相切磋，苏府的学术氛围十分轻松浓厚。在这里，每个人都可以畅所欲言，每种才华都能被看见。一时间，苏府高手云集，百花齐放。几位书画大师王诜、米芾、李公麟也时常出入苏府。

苏轼也因地位和生活环境发生变化，创作的题材与过去相比明显变少了。但由于苏轼参与文学艺术活动的增多，大量艺术评论方面的文章亦随之增多，这也是此时期的一个特色，比如他写下了不少关于评论王诜、李公麟以及其他画家的作品的诗歌，把杜甫所开创的“以诗论画”的领域，积极加以扩大，并使书、诗、画三者得到更好的结合和提高。

苏轼擅长以诗写画、论画。画家发挥“画中有诗”的才能，他发挥“诗中有画”的特长，善于把由水墨、点线、色彩构成的画转化为语言所构成的画，使人们通过文字，获得一个意境丰满、形象生动的画面。比如著名的《惠崇春江晚景》一诗：

竹外桃花三两枝，春江水暖鸭先知。
蒌蒿满地芦芽短，正是河豚欲上时。

这是苏轼为好友僧惠崇画的《春江晚景图》所作的题画诗。春天来了，桃花初放，鸭子们在水中嬉戏，它们最先察觉到了初春江水的回暖。那河滩上已经满是蒌蒿，芦笋也开始抽芽，这些可都是烹调河豚的好佐料啊！而河豚此时正要逆流而上，从大海回游到江河里来了。将要回游的河豚是画家画不出的，诗人用他的想象，把江南初春生机勃勃的景象和气氛表现得非常细腻真切。

苏轼以书法名世，如今更是一字千金。崇拜者们想尽一切办法，狂热地收集他的亲笔题字，即使能得到一张几个字的便条，也足够让他们兴奋好几天了。殿前副都指挥使姚麟，是个武人，十分喜欢苏轼的字。奈何自己一介武夫，实在是没什么机会和苏轼搭上关系，更别说求字了。他找到了和苏轼来往较多的好朋友韩宗儒，让他想办法。

开始姚麟还厚着脸皮直接要，但时间长了也不好意思。有一天，他急了，直接对韩宗儒说："以后我也不让你白给我弄到苏大学士的字了，我来换，一张字，换一腿羊肉。"当时的人都以跟苏东坡结交为荣，韩宗儒既想表现自己，又想吃羊肉，自然是答应了。此后，他不时找这样或者那样的理由，给苏轼写信，信里谈得尽是些半咸不淡的话，苏轼也不得不回。每次收到苏轼的回信，他就马上拿到姚麟那儿去。姚麟也不食言，立刻取来一腿羊肉交换，一手交字，一手交肉。后来，这个交易让苏门弟子黄庭坚知道了，便笑着和苏轼打趣："前代流传说，书圣王羲之当年写一篇字，就可以抱回几只大白鹅，历史上都称作'换鹅字'。现在韩宗儒现学现用，拿您的回信去换羊肉，看来以后历史也会称作‘换羊书’了。”苏轼听了，一阵大笑。

那时，苏轼文学艺术上的声名还传播到少数民族地区和中原以外的许多地方，就连西夏等边境小国也盛传苏轼的文章，当时高丽的文人就特别爱读苏轼的作品。辽国有人来到内地，也总打听“二苏”。

元祐三年（1088 年），苏轼曾接待过辽国派来的使者，在酒宴上，这位使者向苏轼敬酒：“苏翰林，痛饮从今有几日，西轩月色夜来新，干了这一杯。”使者话中的诗正是苏轼所作，苏轼大感惊异，还在日记里写道：“没想到蛮夷们也喜欢我的诗，怪哉怪哉！”

作为北宋文坛当之无愧的领袖、政坛令人瞩目的大臣，苏轼的声望与日俱增。几乎全社会的人都羡慕他、崇拜他。这种风气几乎达到了疯狂的地步，就连他日常家居戴的一种寻常便帽，也成了所有士林知识分子争相习效的对象，“人人皆戴子瞻帽”，甚至成为当时的时尚。

经历了六年多穷困潦倒的贬谪生活之后，苏轼重登朝堂，风光无两。可是，二十多年宦海沉浮所得到的人生感悟，使他深深地领悟到人生如梦、一切皆空的佛理禅意。现在，仕途通达，生活遂意，繁华满眼，苏轼却并不沉溺，也不迷恋。环境的改变没有使苏轼迷失自我，荣华富贵的热闹场中，他也没有随波逐流，依旧过着恬淡俭朴的生活。

在苏轼平步青云、声名大振的同时，弟弟苏辙也受到朝廷的青睐，他被召回任职秘书省校书郎。苏辙和苏轼的遭遇一样，升迁的命令一道接一道。接下来的几年里，右谏司、起居郎、中书舍人、户部侍郎、翰林学士、御史中丞，一连串的升迁后，苏辙再次被升为尚书右丞，不到一年，又被提升为副宰相。一时间，兄弟二人风头无两。

兄弟二人自从踏上仕途，总是聚少离多，如今相聚京师，同朝为官，心中都有说不尽的欢喜。两家相距很近，每次退朝，苏辙总是先到哥哥家里停留一阵，有时候兄弟二人对饮闲聊，有时候看子侄们习字临帖。虽然暂且不能实现归隐田园的旧梦，但能在兄弟之情、天伦之乐中，休息着疲惫的身心，生活倒过得十分惬意。

尽管苏轼已享有世人所艳羡的盛名和高位，个人生活也是丰富多彩，潇洒恣意。但是“高处不胜寒”，从他踏入朝堂的那一刻起，他将注定无法于激烈的政治斗争中置身事外。而且一旦被牵涉，他将无法自拔，在官僚的围剿中身心交瘁，遍体鳞伤。

再返杭州

元丰八年（1085 年）岁暮，苏轼回朝时，变法派和反变法派间一度出现的平衡已被打破。尽管变法派蔡确、章惇等人依然高居相位，但是反变法派在高太后的支持下，势力迅速壮大。司马光一入朝堂，便被朝廷倚为柱石，高太后对他的提议都无条件支持。一切朝政皆赖司马光。

司马光乃四朝元老，在北宋政坛声名卓著。他品德高尚，学问渊博，立身处世都十分严谨，是一位正直忠信的贤人君子。自从熙宁三年（1070 年）与王安石政见不合，便退居洛阳，潜心编撰《资治通鉴》，十五年未曾过问政事。他既以文章名重天下，又作为熙宁政坛反变法派的领袖令世人难以忘怀。

司马光重回朝堂之后，很快与高太后达成共识，立即着手废除或修改之前已经实施并取得一定成效的新法。同时，有计划、分步骤地起用反变法的大臣，以改变两派的人事力量对比，使得政局向着有利于自己的方向发展。

元丰八年（1085 年）七月废保甲法，十一月废方田法，十二月废市易法、保马法。这几个新法在实施过程中产生的流弊比较严重，在废除时没有遇到太大的阻力，也没有引起很大的争论。但在免役法的存废问题上掀起了一场轩然大波。

苏轼曾经是免役法激烈的反对者，但根据自己十多年来担任地方官所积累的实践经验，他也逐步认识到现行的免役法的确有其可取之处，比如它在一定程度上减轻了百姓的压力，刺激了百姓发展生产的积极性，对目前来说是一项行之有效的政策，只要稍加完善，依然是利国利民的好法。他将自己的意见向司马光和盘托出，希望司马光能吸取自己的意见，更全面、更谨慎地对待免役法的存废问题。

谁知司马光个性极为执拗，且对新法的成见很深，根本就听不进苏轼的意见。苏轼十分敬重司马光的人品和学问，也感激他对自己的提携，长期以来，他急切地盼望司马光执掌朝政，希望能给国家带来富强，给民众带来安宁，却没想到司马光固执己见，“专欲变熙宁之法，不复较量利害，参用所长”。

但事关国计民生，他必须尽力谏诤，与司马光当堂辩论。这使他和以司马光为首的旧党之间产生了矛盾。但作为一个心胸坦荡的贤人君子，司马光没有因为苏轼与自己的政见不合而打压他，相反，在他执政期间，苏轼一直仕途通达。不幸的是司马光为相八个月就去世了。苏轼与他在政治上的矛盾没有继续发展，然而在其他旧党的眼里，苏轼早已被视为异端。

司马光去世的那一天，正好赶上哲宗带着文武百官在南郊举行明堂祀典，安放神宗灵位入太庙。等到典礼结束后，大臣们都赶着前往司马光的宰相府吊唁。

这时，旧党的中坚人物、理学大家程颐连忙拦住大家，说："《论语》里说：'子于是日哭，则不歌。'今日明堂吉礼刚过，岂可又去参加丧礼？庆吊同日，与自古以来的礼制不合。"有的大臣看不过去，就反问程颐："孔子只是说，哭则不歌，但并没有说歌则不哭呀。"

程颐没想到有人会当场反驳他这位理学大儒，略显尴尬，但仍然继续争辩。苏轼在一旁见程颐喋喋不休，不禁有些憎恶，于是上前挖苦道："此乃鏖糟陂里叔孙通所制礼也。"

叔孙通乃秦汉时的儒生，他曾采取古礼，结合秦制，为刘邦的汉王朝制定了一整套规章和礼仪。鏖糟陂则是北宋都城西南的一处沼泽地，此地极其脏乱差。"鏖糟陂里叔孙通"，意思就是从脏乱之地而来的冒牌叔孙通，这里明显是在嘲弄程颐。

苏轼此语一出，立马引得百官哄堂大笑，程颐恼羞成怒，自此与苏轼结下怨。加上各自门人的推波助澜，苏轼由此卷入了以其为首的蜀党和以程颐为首的洛党（苏轼是四川人，程颐是洛阳人）的"洛蜀党争"之中。

"洛蜀党争"持续了很长时间，很多不满苏轼的人趁机挑起事端，攻击苏轼。程颐的门生中为官者不少，他们不断上本弹劾苏轼，连苏轼荐举的黄庭坚、王巩等人也成了他们打击的对象。御史赵挺之，即著名女词人李清照的公公，还找来苏轼所拟的吕大防拜相的词，断章摘句，诬指“民亦劳止”一句是诽谤神宗的，要求朝廷予以严惩。

不仅程门弟子，司马光的追随者们看苏轼不爽已久，他们全部联合起来弹劾苏轼，苏门弟子黄庭坚、秦观、晁补之等都受到了牵连，有的人遭到严厉的处罚，有的人甚至被流放边疆。

在这种情况下，苏轼再一次感到官场的凶险，名利的虚浮。元祐三年（1088 年）秋天，他写了一首民歌体的诗《虚飘飘》：

虚飘飘，画檐蛛结网，银汉鹊成桥。尘渍雨桐叶，霜风飞柳条。　露凝残点见红日，星曳余光横碧霄。虚飘飘，比浮名利犹坚牢。

这首《虚飘飘》连用六个比喻形容“名利”之虚幻无凭，比蜘蛛网还不如。这是他对当时难堪的处境和遭遇的真切感受。

于是，苏轼像在凤翔时一样，又一次萌生了退隐之意，发出“渊明赋归去，谈笑便解官”（《送雷辅赴闽漕》）之慨，表露了陶渊明式的归去来兮的心愿。

苏轼曾多次上表请求离京外任，但都没有得到朝廷的批准。元祐三年（1088 年）秋，他又上了一份《乞郡札子》“坚乞一郡”：“二年之中，四遭口语，发策草麻皆谓之诽谤……臣若不早去，必致倾危。”元祐四年（1089 年）三月十六日，哲宗皇帝终于应了苏轼的请求，让他以龙图阁学士的身份出任浙西路兵马钤辖兼杭州知州。

元祐四年（1089 年）七月三日，苏轼抵达杭州。

苏轼怎么也没想到，在走过漫长坎坷的十五年之后，自己还能再回到杭州，内心的欣喜与激动难以言喻。虽然年华已逝，虽然双鬓已白，但苏轼依然挚爱着这片曾给予他无限欢欣和抚慰的土地。此时的苏轼也依然保持着他一贯的为官风格，体恤人民，努力帮助百姓抗灾、减税、解决难题。

一进入杭州，苏轼所面临的便是严重的灾情。杭州年初遭遇水灾，早稻无法下种，五六月时又闹旱灾，刚刚种下的晚稻收成无望。粮食歉收，导致米价猛涨，一斗米要九十钱，是平时的四至五倍。如果不采取措施，后果将不堪设想。苏轼接连向朝廷上了《奏浙西灾伤第一状》《奏浙西灾伤第二状》和五份《相度准备赈济状》，报告灾情，请求减免税额，缓交部分上供米。经过反复陈词，朝廷终于准奏，拨供米二十万石，宽减元祐四年（1089 年）上供米三分之一，并赐度牒三百道赈济灾情。

为了抑制市场上可能出现的投机和囤积行为，苏轼把救灾款连同原来打算用来修整官舍的费用，全部拿到外地采购米粮。足够的存粮，使得米价平稳，打击了那些想借此发国难财的商贩们。虽然这次灾害非常严重，但杭州百姓没有一人因缺粮而饿死。

粮食问题得到了妥善解决，但水旱灾害还带来了一个更为棘手的问题，那就是瘟疫盛行。在连最基本的公共医疗卫生设施都不完备的古代社会，流行病的发生，和饥荒同样凶险可怕。城内人心惶惶，成千上万的人坐以待毙。但爱民如子的苏轼当然不会袖手旁观，他第一时间组织了一批懂得医术的人，由官吏带领走街串巷，为民治病。同时还购买了大批药材熬制一味叫“圣散子”的药剂，这是苏轼谪居黄州期间从老友巢谷那里得来的治疗疫病的秘方。虽然苏轼曾答应老友，绝不将秘方外传，但情况危急，不得不对老友失言。这个药方包含二十几味中药，治疗疫病效果很好，其配方后被写进医书，流传至今。

在苏轼有条不紊地指挥和部署下，一场可怕的瘟疫终于过去了，数千人免于死难，杭州的百姓对他充满了感激。

但苏轼是个未雨绸缪的人，经过这次大难后，他认为，作为交通枢纽的杭州，人员来往频繁，疾病的传播也更为容易，应该创立一所方便民众看病的病坊（医院）。于是他从官府中拨出了三万两千钱，自己又捐出积蓄黄金五十两，在市中心众安桥附近建立了一所病坊，取名“安乐坊”。后来“安乐坊”被搬到西湖边上，改名为“安济坊”，直到苏轼去世时都还在为百姓服务。

在对付饥荒与瘟疫的同时，苏轼的另一个工作重心是兴修水利，疏河治湖。作为江南水乡第一重镇，杭州的农业、工商业无不仰仗于水源。解决水的问题，既是拯救连年旱涝的根本途径，也是保证航运畅通、物价稳定的长远措施。

来到杭州不久，苏轼便开始对杭州的水形地貌展开实地考察。流经杭州的两条河流是大运河和钱塘江，每年涨潮，海水挟带泥沙倒灌入这两条河，从而造成河道淤塞，航运受到极大影响。苏轼利用钤辖浙西路兵马的便利，调集一千多名地方官兵，仅用半年时间，便将两条河道各清理出了数十余里，清出的河道深达八尺，当时所有船只都可以畅通无阻。

治理完两河之后，苏轼又在杭州百姓的请求下开始治理西湖。西湖不仅是湖山胜境，更是杭州及周边地区饮水、灌溉的主要水源地，同时还发挥着保证大运河正常运作的功能。西湖古时原与杭州湾相通，后因泥沙堵塞而成湖。故湖中淤泥需要定期清理，否则水位就会越来越浅，湖面也会越缩越小，成为死湖。

苏轼这次重到西湖，发现水草已满盖半个湖面，美丽的景观大打折扣。唐代大诗人白居易任杭州刺史时修建的工程也已全部损坏。

元祐五年（1090 年），苏轼着手疏浚西湖。他首先进行全面的调查、察访，广泛征求水利专家的意见，制定治湖规划，然后利用手头尚存的救灾钱款，召集民工，“以工代赈”。于四月底趁黄梅雨后水草浮动时，开始动工，整理湖草，疏浚湖底，同时一连写了两道奏章申诉民意，阐明西湖对于杭州乃至全国经济的重要性，为全面治理西湖争取必要的经费。

湖中葑田积二十五万余丈，挖出来的淤泥将会堆积如山，如何处置这些淤泥，也是治湖所面临的一大难题。苏轼想出一个两全之策，用无处安置的湖草、淤泥在湖中筑起一道长堤，南起南屏山，北至栖霞岭，上建跨虹、东浦、压堤、望山、锁澜、映波六桥，沟通里湖和外湖。从此南北往来极为便利，人们再也不必绕湖三十里了。

开湖筑堤时，苏轼每天都到湖上巡视，还经常在工地上和民工一同吃饭。五月五端午节，杭州百姓抬着猪担着酒送给苏轼，以表达他们对苏轼的感激和爱戴。盛情难却，苏轼收下了部分厚礼，并命人将猪肉切成方块，按照他在黄州时摸索出来的烹调法，加以精心烹制，送到工地，分发给浚湖的民工。从此，百姓们都学会了这种烧肉法，杭州又多了一道流传千古的名菜——东坡肉。

杭州百姓为了纪念苏轼的德政，将长堤命名为“苏公堤”，简称“苏堤”，它与白居易任刺史时所建的“白堤”遥遥相对，留芳千载。

自上任杭州以来，苏轼每天都马不停蹄，战饥荒，驱瘟疾，疏河道，治西湖，干的每一件事都与百姓的生活息息相关。他雷厉风行，干事高速、高效，赢得杭州百姓一致的爱戴和信赖。他们多么希望这位好知州可以在杭州多留任一些年头。

转眼之间，苏轼在杭州的任期已到。元祐六年（1091 年）春，苏轼以翰林学士被召回京。

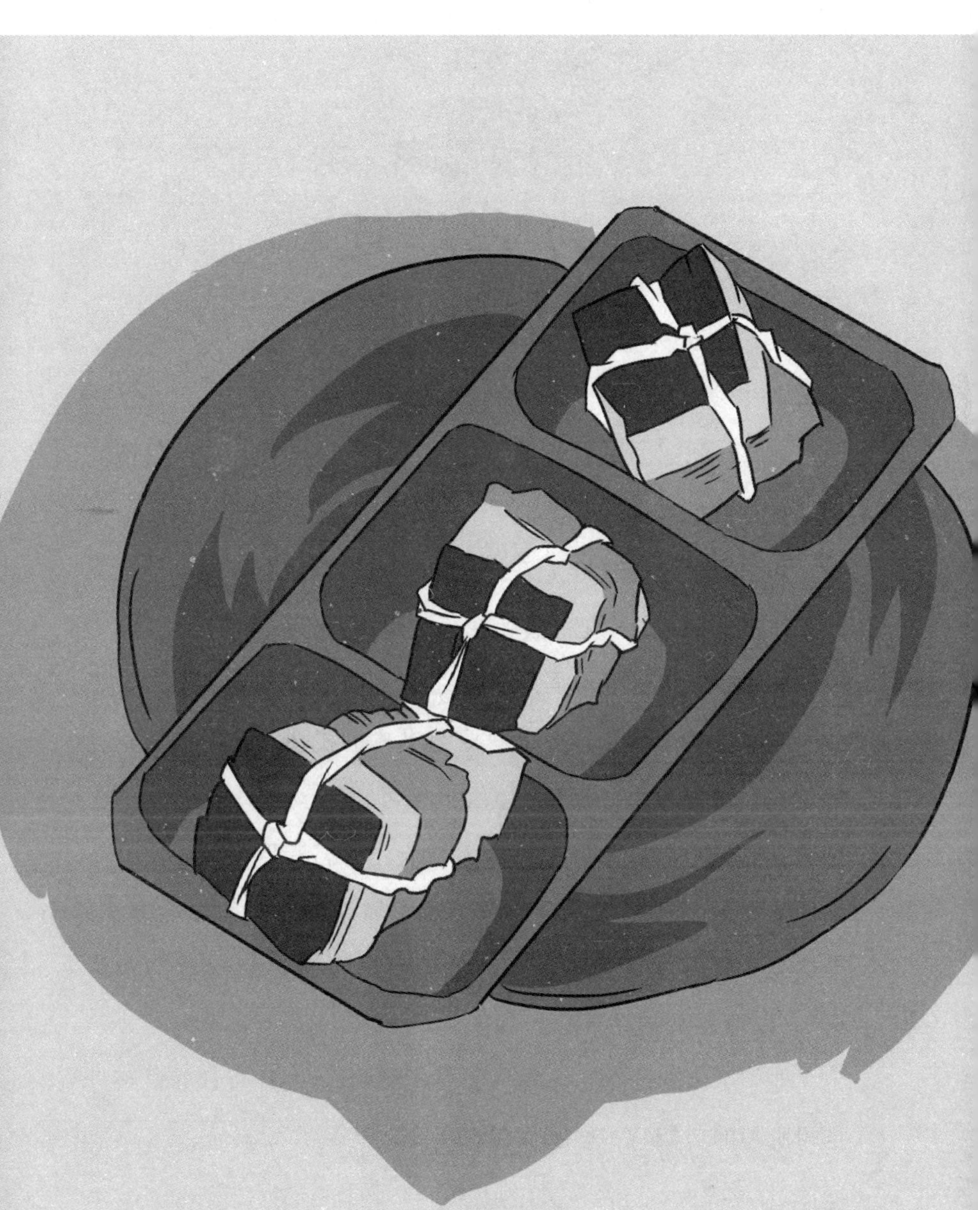

为官屡迁

离任杭州时，苏轼就上书一封，请求继续外任。但是他的请求没有被批准。

元祐六年（1091 年）三月初，苏轼启程赴京。但是他已决心不在京任职，所以把家眷留在了杭州，自己只身前往。

此时，苏辙已经位居副宰相之职，位高权重的兄弟二人必然引起洛党的恐慌。因此，只要有进攻的机会，他们一定不会放过。苏辙为人小心谨慎，说话做事都不给人留下话柄，不容易被人抓住小辫子。但苏轼心无城府，喜怒皆形于色，便自然地成为他们攻击的对象。苏轼一入京城，政敌们就想尽办法，捏造莫须有的罪名弹劾苏轼。他们妄图再制造一次“乌台诗案”，以悖逆大罪置苏轼于死地。

他们举出的证据是元丰八年（1085 年）五月一日苏轼路过扬州所写的《归宜兴留题竹西寺三首》之一：

此生已觉都无事，今岁仍逢大有年。

山寺归来闻好语，野花啼鸟亦欣然。

侍御史贾易说元丰八年是神宗驾崩的“国丧”年，而苏轼居然以奉先帝遗诏为“闻好语”，那自然是表示盼望神宗皇帝早驾崩了。

苏轼听说自己的诗被如此歪解，大吃一惊，赶紧呈上了《辩谤札子》，解释神宗仙逝是三月，而自己写诗是五月，所谓“闻好语”是指老百姓纷纷赞美继位的哲宗乃“好个少年官家”，自己绝非诽谤先帝，心怀异志。

虽然最后以洛党枉费心机而告终，贾易等人也都被外放，但苏轼仍心有余悸，他再不愿留在朝中，频繁上书要求外任。最终，朝廷命他以龙图阁学士的身份任职颍州（今安徽阜阳）知州。在京城待了不到半年，元祐六年（1091 年）八月，苏轼就离京到颍州上任。

颍州是个小小的州郡，事少官闲。但这里风景秀丽，物产丰饶，城西的颍州西湖更是一方名胜。在欢迎苏轼的酒宴上，就有下属说：“内翰只消游湖中，便可以了郡事。”本来苏轼就是为了逃避朋党之争而来的，这样的清闲之地正合其意。令苏轼尤为高兴的是，同僚部属大都是他所熟悉的好朋友。

尽管如此，苏轼也不可能真正闲下来。短短半年时间，也干了好几件利民的好事。

当时开封一带连年水灾，前任官吏不懂水利，水灾一来，就慌不择路地胡乱下猛药，哪儿堵就在哪儿开挖疏导，毫无全盘观念，使得洪水四溢。有人建议开挖八丈沟，将陈州之水经由颍水注入淮河。这一设想是否可行，朝中意见纷纭。尚书省正在征询各州郡意见，如果可行，就拨钱粮，准备施工。

苏轼历任地方官都以治水为务，曾主持过多项大规模的水利工程。到任没几天，苏轼就调来所有的历史资料，进行详细分析，并实地走访调查，最后发现问题的焦点就在于八丈沟的开挖。有的人认为可以开挖，有的人认为绝对不能开挖。但是无论是赞成的一派还是反对的一派，都是天马行空的信口开河，根本没有资料的旁证，也没实地考察走访，只不过是逞一下口舌之快而已，所以根本解决不了问题。苏轼从实际出发，从数据出发，调查结果表明，开挖八丈沟有百弊而无一利。苏轼上奏朝廷，终于阻止了这项劳民伤财的工程。

同时，苏轼着手开发颍州境内的沟渠，然后疏浚西湖，为搞好颍州的农田水利拟订了一整套方案。

就在苏轼准备实施方案的时候，新的朝廷调令又来了，苏轼被调任为扬州知州。本以为在颍州给百姓做几件实事，就可以向朝廷告退了，没想到这么快又有了新的任命。

元祐七年（1092 年）三月，苏轼移知扬州，他的学生、时任扬州通判的晁补之将他迎至官邸。此时的扬州城，正沉浸在即将到来的一年一度的芍药花会的喜悦气氛之中。主事官员将历年办会惯例禀告苏轼，如怎样筹措经费、怎样组织花源等。

苏轼一听就觉得不妥，沿途他的所见所闻告诉他这件事肯定没有这么简单。他听完报告之后，也不马上表态，而是走到花市上，与正在花市的花农以及一般百姓交谈。经过仔细的调查研究，苏轼发现，不仅是花农，就是普通百姓也都非常不欢迎这个花会，花会给百姓带来的灾祸远远大于它所带来的欢乐。按苏轼的个性，他是打心眼里喜欢这种花会的，但是百姓的生计则是他更为关心的。于是他当机立断，决定停办已经举行了多年的花会。扬州百姓知道后，奔走相告，欢欣鼓舞。而那些想借花会大发横财的贪官和奸商们，则难免对苏轼怀恨在心。

此外，苏轼看到苛政猛于虎，便像以往一样，尽全力请求朝廷减免百姓的积欠，可惜奏效甚微。

这年八月，苏轼又被召回京师，任兵部尚书兼皇帝侍读。之后又改为礼部尚书。作为皇帝老师的苏轼，与哲宗相处得并不融洽，年龄渐长的皇帝，不愿听从苏轼的劝谏。苏轼是高太后器重的人，而哲宗正因高太后长期执政，内心愤愤不平。帝党和后党之间的矛盾逐渐尖锐，苏轼不愿再介入争权是非，上书恳请让自己去守“重难边郡”。

这期间，有一场巨大的不幸降临到苏轼身上，与他同甘共苦二十五年的第二任妻子王闰之因病于元祐八年（1093 年）八月去世，年仅四十七岁。年近花甲的苏轼仕途多舛，又一次遭受丧妻之痛，心境的灰暗是可以想见的。

九月初三，太皇太后高氏去世，哲宗亲政。苏轼敏感地意识到政局又要有大的变动，果然，高太后去世十天后，苏轼被外放出知定州（今河北定州）。从此以后，连续的贬谪降临到苏轼的头上，他离自己的家乡越来越远了。

流放惠州

元祐九年（1094 年）四月十二日，哲宗下诏改年号为“绍圣”，意思是继承神宗朝的施政方针。随后不久，曾因投机新法而受重用的章惇和吕大防重新被起用，一大批变法派大臣重回朝堂，但他们已完全抛弃了王安石新法的革新精神和具体政策，而把打击“元祐党人”作为主要目标，尽情发泄他们多年来被排挤在外的怨愤。于是，罢黜、贬谪的诏令一道接着一道，短短一两个月，便将当时在朝任职的高级官员三十多人全部贬到岭南等边远地区。

在这场政治风暴中，苏轼兄弟首当其冲。早在三月二十六日，苏辙就因反对正在朝中热烈酝酿的“绍述”之说被贬汝州。四月下旬，针对苏轼的首道命令很快就下达了：苏轼被解除大学士及翰林侍读两项职位，同时撤销定州知州，降为文职正六品上，流放到广东英州任知州。

很快，针对苏轼的第二道命令又下达了，正六品再降一格，降为正六品下，仍然任英州知州。

这还远远不是结束，第三道命令随之到来，任英州知州不变，但不能按年限晋职了。这等于是彻底埋葬了苏轼的政治生命。

苏轼带着前途未卜的忐忑之心上路了，他不知道下一道要命的诏令会什么时候来。

苏轼一行人到达河南滑州，天气酷热难耐，定州送行的人都不愿意再往南行了，而英州来迎接的人还未到。自己这么多年来只知道仗义疏财，手头已没有更多的余钱改善旅途的艰辛，苏轼望着前路长叹不已，他看不到自己的人生前路在哪里。

好在沿途中许多故知旧友纷纷前来相送，让苏轼得到些许的安慰。

苏轼赴英州途中，朝廷又三传谪令，将他贬为宁远军节度副使，在惠州（今广东惠阳）安置。他知道，以章惇为代表的政敌们是非要把他置于死地不可了。他自己也没抱生还的希望，临走时，他向长子苏迈交代了后事，且意欲独自一人前往。家人自然不放心，最后苏轼决定带小儿子苏过一起走，侍妾王朝云坚决请求同行，苏轼只好同意了。

经过河北、河南、安徽、江苏、浙江、江西六省，从四月十五日到十月二日，花了半年多的时间，越过千山万水，苏轼终于到达惠州。

惠州当时属于蛮荒之地，气候与北方迥然不同，生活条件也极为艰苦，一向被视为险恶军州，只有“罪大恶极”的官员才会被放逐到这里。北人南迁于此，往往不易生还。

久经磨难的苏轼，虽有对未来生活的担忧，但还是非常乐观的，在他眼里，惠州还是能让他安身立命的。

惠州与汴京虽然远隔千山万水，但苏学士才名播天下，对于当地的官吏和百姓来说，苏轼的名字并不陌生。他的到来令人欣喜，又令人惊讶，人们扶老携幼，成群结队前来迎接，嘘寒问暖，不明白朝廷为什么要放逐这样一位大学士。惠州人民的热情令苏轼十分感动，他虽是第一次来，却有一种“仿佛曾游”的亲切之感。在惠州太守的安排下，苏轼住进了政府官舍里。苏轼写了《十月二日初到惠州》一诗，表达了初到惠州的感觉：

仿佛曾游岂梦中，欣然鸡犬识新丰。

吏民惊怪坐何事，父老相携迎此翁。

乡亲父老的盛情使苏轼如沐春风。苏轼说：“岭南万户皆春色，会有幽人客寓公。”“岭南万户”本为酒的名字，古时常以“春”名酒。这里“岭南万户皆春色”既借指惠州家家户户都有美酒，也比喻这里的民众热情好客。

苏轼在惠州的生活虽然艰苦，但并不寂寞。惠州以及附近地区的地方官员都很礼遇苏轼，经常给他送来酒食，惠州太守詹范和博罗县令林抃成了他最亲密的朋友。其他至交如杭州僧人参寥、黄州的陈慥、常州的钱世雄等也和他时常有书信往来，派人带药带物。苏州的卓契还跋涉万里到惠州为他传递儿女的信息。四川道士陆惟忠也亲自来探望，另一道士吴复古则一直来往于苏轼和苏辙兄弟之间，为二人传递书信。

惠州的风物也很美，处处是浓绿的草木和香甜的瓜果，正如苏轼所说“皆春色”。于是惠州的景物纷纷出现在他的生花妙笔之下。

惠州也有个西湖，虽与杭州、颍州风光迥异，但景色也绝美，这让苏轼非常开心。

梅花是苏轼很喜爱的花卉，他一生中吟咏或提及梅花的诗词有数十首。他描写惠州的梅花是善解人意的解语花，虽“天香国艳”而不弃潦倒老翁，有品，有情，亦有义。

惠州的瓜果也让苏轼惊喜不已。他最喜欢的是荔枝。一阵小雨过后，满山满岭的荔枝树犹如刚刚洗了澡一样，粉红的果实又如同满山遍野燃烧的火焰，同时空气中还飘扬着清新的桂花香味。苏轼在诗中最直接地表现了对荔枝、对岭南的喜爱之情：

罗浮山下四时春，卢橘杨梅次第新。

日啖荔枝三百颗，不辞长作岭南人。

其实惠州的生活差强人意，但苏轼在写给朋友的信中常说惠州“风土食物不恶，吏民相待甚厚”，这既是实情，也是他胸怀豁达的表现。

惠州物资匮乏，人民穷苦。市场上商品稀少，整个集市上一天才杀一只羊。但苏轼买不起羊肉，他与屠夫商量，把没人要的羊脊骨便宜卖给自己。苏轼是个天才美食家，他把羊脊骨放入锅内，大火煮到全熟，然后取出来，抹上米酒，洒点盐巴，再放在炭火上小心地炙烤，微微烤焦，就可以“享用”了。羊脊骨上实在没有什么肉，要想啃下一点，也得费上半天的工夫。对这种新开发出来的吃法，他很得意，在信中还对弟弟大谈，说味道不错，和吃大鱼大肉没什么区别。

在他人眼中如同地狱的流放之地，对于修身养性的苏轼来说，似乎又成了人间乐土。

此时的苏轼，虽然已看破名利权势，也无权签署公事，但儒家济世的精神还是时时在他内心涌动着，他想为百姓做点实事。惠州气候湿热，疫病流行，可地处边陲，缺医少药，百姓病苦无医。苏轼到惠州不久，便给亲友写信，拜托选购药材，再托人带来，送给这里的百姓们。很多惠州百姓在苏轼的奔走之中保全了性命。

苏轼还将黄州的新型农具“秧马”推广到惠州。“秧马”是一种插秧用的工具，农民可以坐在上面劳动，靠双脚推动秧马，一边前进一边插秧，省时省力。苏轼还写作了《秧马歌》，详细介绍这种工具的操作方法和效用，后来在好友县令林抃的改进下，“秧马”在惠州各地普及开来，大大减轻了人们劳作的辛苦，百姓们都称赞不已。

北宋武官的地位低下，使得中下级军官的待遇很低。因为营房失修，惠州许多中下级军官居无定所，只得在街市上与游民为伍，军纪极其涣散，各种扰民事件频繁发生。这些情况不仅使得民不聊生，而且军队也不能安心训练。苏轼在之前任职过的州府，就处理过相类似的问题，现在到了惠州，这类问题处理起来就得心应手了。针对这种情况，苏轼建议修建营房，整顿军纪，让军队建设走上正途。

苏轼在这一段时期内还主持过两项大的惠民工程，一是惠州的东西二桥，一是广州的饮水工程。这些有关国计民生的重大事项，都是在苏轼的主动建议下启动的，而且他还出谋划策，精心实施，让每一项惠民工程不至于变成扰民、害民工程，真正能给百姓带来福利。

在惠州生活了一段时间后，苏轼想在当地买下一块田地，建屋定居，然后把家人都接过来，让全家人不再两地分居。

绍圣三年（1096 年）三月，苏轼在归善县城白鹤峰买下几亩田地。这里本是白鹤道观的旧址，山清水秀，闹中取静，适于居家。很快，新居就开始动工了，和在黄州建立雪堂一样，苏轼开始筹划着屋宅、田地、花园、菜地等的设置，希望在惠州再造一座雪堂，作为自己的终老之所。

新居还没建完，苏轼又遭到了一次严重的打击。这年七月，侍妾王朝云病逝，年仅三十四岁。

王朝云自幼失去双亲，自熙宁二年（1069 年）苏轼通判杭州时就进入苏家，年仅十二岁。进苏府后就与苏轼一家同甘共苦，不离不弃。王闰之逝世后，王朝云成了事实上的苏家主妇，细心周到地安排苏家一家人的生活。比起贤德有余、灵秀不足的王闰之来，朝云似乎更能够进入苏轼的精神世界，给予他更大的安慰。

苏轼在汴京当翰林学士的时候，一天饭后，苏轼摸着肚皮问众侍儿：“你们说我这肚子里装的是什么？”一个侍从说：“满肚子锦绣文章。”又有一个丫头说：“满腹经纶。”苏轼听了只管摇头。朝云则说：“先生一肚皮不合时宜！”苏轼听后哈哈大笑，深以为然，因为当时他被夹在新旧两党之间，两边都不讨好。他闻朝云一语，从此将她引为知己。

朝云主动要求陪伴到惠州，对于晚年遭贬的苏轼来说是莫大的安慰。王朝云能歌善舞，闲暇时，她常常唱苏轼的作品为他聊解愁闷，唱得最多的是她最喜欢的那阕《蝶恋花》：

> 花褪残红青杏小，燕子飞时，绿水人家绕。枝上柳绵吹又少，天涯何处无芳草。　　墙里秋千墙外道，墙外行人，墙里佳人笑。笑渐不闻声渐消，多情却被无情恼。

相传朝云每每唱到“枝上柳绵吹又少，天涯何处无芳草”这两句时就泪流满面，哽咽着难以继续唱下去，因为这句容易勾起唱者和听者的天涯逆旅的悲怆之感。两人一直在患难中相互依持，失去患难中的知己，苏轼的悲痛无以言语。朝云死后，苏轼终生不再听这支曲子。

苏轼将她葬在惠州西湖孤山南麓栖禅寺大圣塔下的松林之中，并在墓上筑六如亭以纪念她，亭柱上镌有一副楹联：

不合时宜，惟有朝云能识我。

独弹古调，每逢暮雨倍思卿。

朝云病亡半年之后，白鹤新居落成，苏轼终于有了安居之所。长子苏迈全家和苏过的家眷，经过一年的远途跋涉，也来到了惠州。一家人团聚，共享天伦之乐，这是苏轼贬谪生活中的一大喜事。

谁知，刚开心了两个月，坏消息一个一个接踵而来。长子苏迈原已授韶州仁化县令，现在又碍于朝廷新制（谪官的亲属不得在谪地相邻地区做官）不得赴任，而苏轼自己的折支（即宁远军节度副使作为俸禄的实物）一直没拿到，原有的一点积蓄也早已消耗殆尽，经济上陷入困境。

绍圣四年（1097 年）三月间，又有传闻说元祐诸臣将再次遭到重惩。

在官场久了之后，对政治气候的变化，苏轼早有一定的预见力。但是，这次风暴的来临对已经有了终老计划的苏轼而言，实在太突然了。原本他想就在惠州新居安定下来，谁知住了不到两个月，又要仓皇离去。

一个月后，朝廷再下贬令，责授琼州（治所在今海南琼山区）别驾（知州的佐官），昌化军（治所在今海南儋州）安置，依然不得签书公事。

再贬儋州

此次贬居儋州，苏轼只带苏过一人同行，其他人仍留住白鹤新居。此时苏轼已是一位六十二岁的老人了，他认为此生“垂老投荒，无复生还之望”，决定到海南之后“首当作棺，次便作墓”，死后葬在海南，并为此立下遗嘱，对长子苏迈吩咐了后事。

绍圣四年（1097 年）五月，苏轼抵达梧州，听说弟弟苏辙被贬雷州，现在已到达离这儿不远的藤州（今属于广西）。没想到，在这种情形下，兄弟俩居然还能顺路。苏轼听到弟弟的消息非常惊喜，决定尽快赶到藤州。

五月十一日，分别许久的两兄弟劫后重逢，二人既感慨又欢喜。苏辙还带来了妻子和幼子苏远一家，中午，他们在路旁的小店用餐，苏辙吃惯了讲究的饭食，菜汤配白饼的饭食实在无法下咽，但苏轼三口两口地当作美味吞了下去。生活的清苦对苏轼来说，早就不算一回事了。

兄弟二人对于劫难后还能聚在一起，都非常高兴。他们又和少年求学时一样，同睡同起，形影不离，并在途中放慢前行的速度，尽情享受这长久分离的快乐间隙。

六月五日，两家人抵达雷州。雷州太守张逢非常仰慕苏氏兄弟，盛情招待了一番。苏辙已到目的地，苏轼准备三日后继续赶路。临行前一晚，苏轼痔病发作，疼痛难眠，苏辙一夜不睡，陪在旁边，并读陶渊明的《止酒》一诗劝哥哥戒酒。

八日清晨，兄弟二人在海边分别。苏轼登舟渡海，回望岸上弟弟硕长的身影，心中涌起一种异样的滋味，谁都没想到这便成了兄弟的永别。

七月二日，苏氏父子到达昌化军贬所。二人租了一间破败的官舍，便算安顿下来。海岛的生活相比黄州、惠州，可说才是真正的艰难。此地人烟稀少，满目萧条，且气候恶劣，风大雾浓，还时常下雨，不是燥热就是湿热。岛上物资又十分匮乏，要什么没什么，真如苏轼所说“食无肉，病无药，居无室，出无友，冬无炭，夏无寒泉”，乃蛮荒之地。苏轼在此地无一熟人，而且语言也不通，起初父子二人整日留居敝陋的屋舍中。

人生的美妙，在于常会绝处逢生。苏轼到昌化军两个月后，昌化军易人，新任县令张中对苏轼十分敬仰。他一到任，就叩门拜访了苏轼，并带来了雷州太守张逢的问候书信。苏轼父子终于迎来了他们在此蛮荒之地的第一个朋友。张中还专门派人把他们破败的房屋整修了一番。有了张中这个朋友，苏轼父子的日子好过了不少。

苏轼的方外好友参寥也派徒弟送来书信和礼物，并说要亲自来看他。道士吴复古也赶来陪他住了几个月。苏轼与当地的百姓也逐渐熟络起来，他们对苏轼既敬重又喜欢。

而这一切使得朝廷的当权者们大为不满，一个贬官日子还能过得如此惬意。于是他们考虑找苏轼兄弟的麻烦了。湖南提举董必被派来视察受贬谪的大臣的情形，他回去报告朝廷后，雷州太守张逢因款待苏轼、厚待苏辙遭撤职；苏辙被按上“强占民房”的莫须有罪名，被贬到更远的循州（治所在今广州龙川县）；张中因为苏轼修建官舍被检举，后被免职。董必还要将苏轼赶出官舍，就连他的副手彭子民都看不下去，劝他手下留情，他自己也有子孙，不要做事太绝。但是，董必还是派了一名使者过海，将苏轼赶出了那间小小的官舍。

遭到董必这样的迫害折磨，苏轼只能默默承受，但心里自然是想反抗的，于是他就写了一篇寓言故事，和把自己赶出官舍的这个朝廷官员开了个玩笑——“必”字的读音和“鳖”相近，因此苏轼在作品里塑造了一个鳖相公：有鱼头水怪奉龙王之命，前来相请东坡。像传说中一样，龙宫中有好多珊瑚、玛瑙等宝贝，珠光宝气，金碧辉煌。龙王命东坡题诗，他就遵命写了。写完后虾兵蟹将们莫不赞美连声，只有鳖相公向龙王指出东坡诗内有一个字，乃龙王的名字，应当避圣讳，不应该用的。龙王一听，勃然大怒。于是苏轼不得不退而叹曰：“到处被鳖相公使坏！”这鳖相公罗织罪名，兴文字狱，正如苏轼在现实生活中的政敌们。

苏轼无室可居，像在黄州和惠州一样，这一回苏轼又准备自己造屋以安身立命——他用仅剩的一点钱在城南一个椰子林里买了一块空地，自己造屋。朋友、邻居们纷纷来帮忙，他的新居很快落成。因为屋子四周有许多桄榔树，苏轼戏称其为“桄榔庵”，并写了《桄榔庵铭》，以兹纪念。

建屋耗尽了苏轼最后的积蓄，但“困厄之中，何所不有？置之不足道，聊为一笑而已”。此后的两年半时间，他过的日子倒是轻松自在，只是一贫如洗而已。朝廷三年来欠他的官俸一直未能发下，苏轼曾经写信给广州太守王吉，求他帮忙请税吏付给官俸，可见他当时境况的窘迫。

海岛上凡是生活所需要的东西，不管是物质的，还是精神的，都很短缺。岛上的粮食完全靠陆地供给，如果海上起了风浪，运输船过不来，就有断档之虞。苏轼父子两人就曾断炊几日。写作所需要的笔墨纸张更是奇缺。而且当地居民大多数是黎族人，他们的语言比广东粤语还要难懂，交流起来颇为困难。再加上恶劣的气候环境，连苏轼都觉得居住海岛不能长久。

但苏轼有长年各地漂泊的经历，这些都难不倒他。在惠州他就种过蔬菜和药材，在儋州他也可以。于是他向地方官申请了一块地，与苏过两人自己耕种，自己砍柴，自食其力。

岛上难得有好墨，也没有好笔好纸，这使得爱好文墨的苏轼父子二人颇为苦恼，于是他们就试着自己制墨。有一次，苏轼烧松脂制黑烟灰，到半夜因为不小心，松脂燃着差点儿把房子烧掉。第二天，父子二人从焦黑的残物中弄到几两黑烟灰，苏轼就将黑烟灰和牛皮胶混合起来当墨使用。可惜，制得的墨数量太少，而且质量也不高。

劳动之余，父子二人也总不忘补充精神食粮，儿子苏过抄写《汉书》和《唐书》，苏轼则喜欢读陶渊明和柳宗元的诗文，从中汲取精神力量。有时他倚在躺椅上听儿子诵读这些书，父子二人即兴评论，发表对古代文人及其作品的意见。

苏轼有个普通人所不及的本领，就是善于融入周围的环境。苏轼像以前在凤翔、杭州等地一样，逐渐与儋州的老百姓打成了一片。这里的老百姓虽然与苏轼语言不通，但他们尊敬和关心贬居海南岛的苏东坡，他们给诗人送去了温暖——每年腊月二十三，海南百姓要祭灶日，送灶神，他们拜神之后，一定会把祭肉送给苏轼。冬天来了，还有海南黎族山人送土布给他御寒。

与此同时，苏轼以“九死南荒吾不悔”（《六月二十日夜渡海》）、“余生欲老海南村”（《澄迈驿通阁二首》）的深挚感情，尽心尽力为海南老百姓做了许多好事。

黎人懒于耕种，以打猎为生，苏轼就劝黎族人民改变杀牛的习惯，而将牛用以耕种，同时也劝他们积极垦荒，在种植传统的沉水香等经济作物以外，也种植稻、麦、菽、粟等粮食作物，这样可以打破对大陆运输船的依赖，保证食用无虞。

苏轼还帮助儋州百姓改进农具，选择作物的种子，在一定程度上改变了当地百姓的耕作习惯，提高了生活水平。

当地百姓常年饮用咸滩积水以致患病。为解除民众疾苦，苏轼亲自带领乡民挖井取水饮用，改变了当地乡民的饮水习惯。乡民们亲切地把那口井称为“东坡井”。

苏轼居住儋州时，海南恶疾流行。百姓患病时常通过请术士看病、去庙中祷告、杀牛祭神等迷信活动来驱病。为改变这种陋习，苏轼经常到乡野采药，并对药物进行研究，自制草药，为百姓开方治病。他还曾专门向王敏仲索来黑豆，制成清凉解毒的中药淡豆豉，为民治病。自此以后，当地百姓纷纷种植这种黑豆，并称其为“东坡黑豆”。

作为一名贬谪的官员，流落的文人，苏轼只能利用自己的影响来促进黎民的生产、生活、文化等方面的改良。他与当地的文人广泛交游，将众多学子吸引到自己身边，努力为当地黎汉人民创办学堂，编写教材，讲学明道。苏轼给这块蛮荒之地带来了文明的火种，在愚昧的郊野上燃起了一堆明亮的篝火。

海南历史上第一个举人姜唐佐，就是苏轼精心培养的得意弟子。海岛上其他三州的士人，也都慕名前来拜师求学。对于这些后辈学人，苏轼都热情接待，循循善诱地予以指导。

晚年的苏轼依然喜欢交游，热衷聚会，但也并非耐不住寂寞，一刻离不开朋友，相反地，如今他最善于独处。杜门静养、修道参禅是他的常课；研究学术、考证古今是他不倦的追求。在海南恶劣的生活条件及笔墨纸张缺乏的情况下，他还是修正了贬居黄州时写成的九卷《易传》和五卷《论语说》，还新撰《书传》十三卷、《志林》五卷。苏轼今存儋州时期诗作近九卷约四百首。政治上的挫折和生活中的窘迫并没有减弱他旺盛的创作力。

绍圣五年（1098 年），苏轼在海南儋州度过了他贬谪海外的第一个春节。上元灯节的时候，儋州的地方长官为了表达对苏轼的敬意，邀请了苏轼父子共度佳节。一轮孤月静静地悬挂在海外他乡的天穹，月光照射进来，此时，苏轼内心无限寂寞和苍凉。他不禁想起了那些在世的和过世的亲人们，悲从中来。但是，苏轼的性情从来就是豁达的，他善于自我超脱。无论处于怎样的境地，苏轼时刻不忘国家的忧患。

元符三年（1100 年）正月，苏轼在海南过第二个春节的时候，他作了《庚辰岁人日作，时闻黄河已复北流，老臣旧数论此，今斯言乃验，二首》，从诗题上就可以看出，在这个春节里，已到垂暮之年的苏轼心中想念的、惦记着的还是国家之事。

当种种不幸袭来之时，苏轼从不怨天尤人，他都以一种旷达的心理来对待，把这一切视为世间万物流转变化中的短暂现象；他不愿以此自苦，而是更多地在“如寄”的人生中寻求美好的，可以令人自我宽解、自我安慰的东西。

北归中原

而正在此时，朝廷政局又风云突变。正月初九，哲宗突然病逝，因为太过年少，没有儿子继位，所以由弟弟赵佶继位，是为宋徽宗。按照宋朝的相关规定，哲宗的母亲向氏将以皇太后的身份垂帘听政，形势又向着有利于元祐臣僚的方向发展。二月，大赦天下，许多被流放边陲的元祐大臣纷纷向内地调任。

五月，朝廷诏下儋州，苏轼以琼州别驾，廉州（今广西合浦）安置，但仍不得签书公事。

六月二十日，苏轼收拾停当，邻友纷纷前来送别，一时间，桄榔庵热闹无比。拜别儋州父老后，苏轼父子登上了渡海船。

离开荒蛮的海南岛，重新踏上中原大地，苏轼的兴奋之情自然可想而知。然而，他意识不到的是，他的厄运还会继续下去，从重新踏上中原的那一刻，到他最后逝世这一年的时间里，命运还会继续和他开不少大大小小的玩笑，生活还会继续给他许多的磨难。

就在苏轼量移廉州的同时，“苏门四学士”也全部获诏。张耒调任黄州，晁补之调任武宁，黄庭坚调任鄂州。之前他们三位都流放在岭北，接到命令就匆匆北行，无法与之见面。秦观的流放地就在雷州，和苏轼只是一海相隔，此时也接到了调任英州的命令，暂未启程。得到这一消息，苏轼立即写信，相约于广东徐闻县一见。

苏轼渡过波涛汹涌的琼州海峡，两位好友终于得以相见。阔别流离七年，虽只一海相隔，但这一海之间，竟似天渊之隔。一朝相见，真是悲喜交集。但是，相聚的欢悦总是那样短暂，他们甚至还没来得及好好叙旧，就又不得不启程，各奔东西。临行之际，敏感多思的秦观，显然还没有从流放的阴影中解脱出来，对未来还充满疑虑和忧思，竟自作挽词一篇相赠，言辞极为凄婉。

让苏轼万万没想到的是，秦观的这篇挽词竟然是一语成谶，没过多久，苏轼就在路途之中收到秦观去世的噩耗。苏轼悲不自禁，几天都茶饭不思。

与秦观伤别之后，苏轼与家人相聚。现在的他，已经无欲无求了，只希望一家人从此不再骨肉分离，可以安闲自在地过寻常百姓的日子。他害怕自己像先贤柳宗元那样孤零零地老死于蛮荒之地，对他来说，这是最不可忍受的。

七月四日，苏轼抵达廉州。八月，朝廷又下诏令，任其为舒州团练副使，湖南永州安置。

在苏轼一家奔赴永州的途中，朝廷又下诏令，赦免了他之前的罪行，还特别恩准，居住地可以由他自己选择。苏轼听到这一诏令后，激动不已，这表示他终于可以安定下来了。

次年正月，徽宗改国号为建中靖国，意为“建立中正”“安定国家”。此时，时局仍暗流涌动。此前主持“元祐更化”的大臣们纷纷官复原职，而苏轼兄弟依然任着闲职。坊间传言，朝廷此番实行新政，苏轼一定会得到重用。就在人们把苏轼将要重返朝堂、极有可能拜相传得越来越真的时候，苏轼非常清醒与淡然。

五月，苏轼抵达南京，不远处就是常州宜兴，早年间苏轼就念叨着要在宜兴安度晚年，此次北归，又计划回宜兴。就在这时，苏辙邀他同去河南颍昌。此前，苏辙已得到赦免，在河南颍昌定居。于是苏轼安排苏迈、苏迨赶回常州去搬家，自己则趁着这段时间约上几个老友前往金山寺游玩。

此行游览金山寺，苏轼本来心情很好。但听闻京城之中，朝政还是在翻云覆雨，那一批刚刚被流放出去的朝堂重臣正在积极谋划，整个政局还是非常不稳，很可能会全盘推倒重来，而元祐诸臣有可能再次被流放。

一听到这些消息，苏轼大感不妙，立马放弃定居颍昌的想法，因为颍昌离京都太近了，他不想再卷入朝堂纷争。随后马上写信给弟弟，告知了自己的想法。

从金山寺回来时已是五月底。此时，他的身体已经出现了问题，微微感觉到不适。只是凭着多年来流放在外的经验，自我感觉到可以借着自己的方法挺过来，因而也没有特别在意。

天气越来越炎热，苏轼刚刚从流放之地回到中原，气候不适应，水土也不服，而且在琼州的几年里，已经染上了瘴毒，身体一直不太好。再加上这一年来居无定所，长期以舟船为家。多方夹击之下，苏轼很快病倒了。

几天后，他的病情没有好转，反而更加严重了。他似乎已经感觉到了死亡的来临，于是强打精神，起身给弟弟苏辙写信，他在信中交代了自己的后事，让苏辙将自己与王闰之合葬在嵩山下，并为自己写墓志铭。此后，苏轼的病情总是时好时坏。

六月十二日，苏轼到达常州。一个月过去了，苏轼的病情还是没有什么转机。七月十二日，他突然感觉到精神好了，病情似乎一下子减轻了很多，还写下了好几首诗，家人朋友为此大感宽慰。

可过了两日，苏轼的病情突然急转直下，高烧不退，水米难进。十八日，苏轼已感觉身体难支了，他把三个儿子叫到身前，交代后事。二十五日，苏轼的病情进一步加重，他颤颤巍巍地写下一封信，托人带给自己的同道知己，作为最后的诀别。

建中靖国元年（1101 年）七月二十八日，苏轼逝世。苏轼病逝的消息很快传遍了整个北宋帝国，山河变色，九州同悲。

一代文坛巨擘，结束了他非凡与传奇的一生。他的逝去带走了对他众多是非曲直的争论，留下的是他巨量的文化瑰宝。

苏轼的诗现存二千七百多首，内容丰富，风格多样，题材广泛，笔力纵横，极具浪漫主义色彩，为宋诗发展开辟了新的道路，堪称“宋诗之冠”。

苏轼的词现存三百四十多首，是北宋词人中存词最多者。他的词冲破了撰写男女恋情和离愁别绪的狭窄题材，扩大了词的题材，丰富了词的意境，具有广阔的社会内容，扫除了晚唐五代以来的传统词风，冲破了诗庄词媚的界限，开创了与婉约派并立的豪放词派，对词的革新和发展作出了重大贡献。

苏轼的文章现存四千余篇，包括散文、政论、史论、书信、随笔小品等多种文体。散文著述宏富，与韩愈、柳宗元和欧阳修三家并称，文章风格平易流畅，豪放自如。政论与史论，针对现实，条理分明，立论精辟，说理透辟，切中时弊，激情澎湃，极有气势。

苏轼的书法与画作自创一派，同时他的艺术理论也对后世影响颇大，直到今天，他的书画作品都还是绝世倾城的杰作。

苏轼在文学艺术上取得了举世公认的巨大成就，但在政治上始终不得志，大部分时间都处于贬谪状态。尽管在政治上不能施展自己的抱负，但他始终保持乐观的精神状态，为人磊落光明，正直坦率。在关乎国计民生的重大问题上，从不计较个人得失，不苟合趋利，言人所不能言，行人所不敢行。他一生虽然历经磨难，但始终能够保持旷达的心境，坚持对理想人生的追求。

正因如此，近一千年来，苏轼已经成为许多中国文人的精神偶像。不仅因为他的文学天才，不仅因为他的显赫地位，还因为他的全部人生实践，一代又一代的中国文人获得了一个可以感触、可以学习的理想人格模式，中国文化精神的源头活水也才得以保存下来，世代相传。正是在这样人性化的互动之中，苏轼的智慧魅力和人格魅力才会历经千年而愈发显得亲切可人，永远让人们怀念，永远给大家启发。